알프스 시리즈-25

알프스 트레킹-8
레만호-니스(GR5)

허긍열

고교 시절 암벽등반을 시작으로 산의 세계와 만났다. 20대 초반, 1986년에 히말라야 참랑(7319m) 등정 후 북반구의 여러 만년설산과 알프스의 북벽들을 올랐다. 1990년부터 알프스와 인연을 맺고 등반 활동, 사진 촬영 및 산과 관련된 서적들을 발간하고 있다.

알프스 시리즈 - 25

알프스 트레킹-8(GR5)

초판 : 2016년 12월 20일

짓고 펴낸이 | 허긍열
다듬은 이 | 장정미
펴낸 곳 | 도서출판 몽블랑
출판등록 | 2012년 3월 28일 제 2012-000013호
대구광역시 수성구 교학로 11길 46번지
http://cafe.daum.net/GOALPS
(다음카페 고알프스)
vallot@naver.com

값 / 25,000원

ISBN 979-11-85089-09-6
ISBN 978-89-968755-2-9 (세트)

이 도서의 국립중앙도서관 출판시도서목록(CIP)은 서지정보유통지원시스템 홈페이지 (http://seoji.nl.go.kr)와 국가자료공동목록시스템(http://www.nl.go.kr/kolisnet)에서 이용하실 수 있습니다.(CIP제어번호: CIP2016026624)

목차

책을 내면서	4
1 - GR5 코스 개요	8
권역별 일주계획	10
GR5(레만호-지중해) 지도	11
2 - 걷기에 앞서	12
3 - GR5 코스 안내	21
4 - 트레킹 후기	308
5 - 각종 연락처	334

책을 내면서

GR5 알프스를 횡단하다

 알프스 산맥을 크게 그려보면 동구권의 슬로베니아에서부터 시작해 1200km 길이로 오스트리아와 독일, 이탈리아, 스위스, 그리고 프랑스 땅을 거치면서 활처럼 휘어 지중해변까지 뻗어 있습니다. 유럽에서도 **큰 도보여행(Grand Randonnee)**에 속하는 GR5 코스는 원래 네덜란드의 암스테르담에서 시작해 스위스 땅을 거쳐 레만 호수를 경유해 지중해변의 니스까지 꽤 먼 길을 걷는 코스입니다. 너무 긴 코스라 많은 트레커들은 알프스를 낀 레만 호수에서부터 니스까지 약 절반 정도의 코스인 **알프스 대횡단 코스**를 선호해 많이들 걷곤 합니다. 그렇게 코스를 줄여도 쉬지 않고 열심히 걸어야 3주 정도, 보통은 한 달 정도 소요되는 일정이라 결코 만만한 코스가 아닌 셈이죠.
 필자 또한 이제는 생활인이라 한 달이라는 시간을 한꺼번에 내기 힘들어 2년에 걸쳐 세 번 나누어 GR5를 걸었습니다. 이제껏 트레킹 책들을 다수 발행했지만 이번 책만큼 힘든 적은 없었습니다. 코스의 길이와 기간뿐 아니라 그에 따른 사진 및 지도 작업과

사모앙스로 하산하는 트레커

책 편집 등 이 책 제작에 꼬박 2년이라는 시간을 할애해야 했습니다. 그만큼 더 애착이 갑니다.
 레만 호수에서 니스까지 걷는 GR5는 주로 북쪽에서 남쪽으로 걷기에 알프스 횡단이 아니라 종단이 더 어울릴 표현이라고 봅니다. 어떤 표현이든 걷는 자에겐 그리 중요할 건 아니라고 봅니다. 이 책을 만들면서 부분적이나마 지난 2년간 걸었던 매 기간, 매 구간을 돌아볼 때마다 새롭지 않은 적이 없었습니다. 이제껏 알프스에서 여기저기 다녀본 필자지만 이 코스만큼 한 번에 알프스의 다양함을 체험해본 코스는 없었습니다. 그만큼 알프스의 광범위한 지역을 두루 오르내리고 걷는 코스입니다.
 오래 전부터 알프스를 넘나든 사냥꾼에서부터 상인, 군인, 그리고 순례자와 여행객, 이제는 마라토너와 신기록갱신자, 산악자전거 마니아 등 숱한 이들이 알프스를 횡단하고 있습니다. 알프스의 산자락에 바짝 다가간 오늘날에는 한결 수월하고 쾌적하게 알프스를 횡단하게 되어 계획만 잘 짠다면 힘들지 않게 GR5 코스를 완주할 수 있다고 봅니다. 매일 2000미터대의 고갯마루를 넘나드는 일정이 이어지지만 GR5는 알프스 순례자에겐 멋진 도전이라고 봅니다.

 각 고갯마루와 초원을 거닐면서 만년설산들을 바라보는 감회는 남다릅니다. 봉우리 하나하나에 새겨진 긴장과 극복 그리고 성취의 추억들이 어제 일처럼 떠오를 때는 아름다운 알파인 꽃밭에서의 만족과 행복감은 극도로 커집니다. 알프스 트레킹은 주로 여름철에 한합니다. 선선한 산들바람과 따뜻한 햇살, 다양한 야생화밭 너머에 솟아 있는 눈덮인 봉우리들을 지켜보며 걷는 잘 정비된 GR5 트레킹은 평생 남을 멋진 추억이 되리라 봅니다.

 저에게 알프스 산록 트레킹은 **행복의 되새김질** 같은 것일 지도 모르겠습니다. 이제는 하얀 봉우리와 검은 벽들을 향해 불나방처럼 날아들기보다는 짐지고 그 봉우리들이 만드는 고개들을 넘나들면서 추억의 전모를 바라보는 일이 더 좋으니 이것이 세월인가 봅니다. 수직만을 찾던 열망이 수평의 세계를 향해 세월 따라, 나이 따라 변해가니 말입니다. 생각이 바뀌니 생활이 바뀌고 알프스를 대하는 자세도 변해 갑니다. 수직의 등반보다 넓은 산군을

주유하는 알프스 트레킹 덕에 삶의 시야도 넓어졌다고 봅니다.
 아직도 만년설산을 오르고픈 열망이야 간절하지만 이제는 가보지 않은 알프스의 다른 길들을 걸어보고 싶은 마음이 더 커져 갑니다. 그래서 몇 년 전부터 알프스의 이 고개 저 언덕들을 넘나들면서 숱한 트레킹 코스들을 걸었으며 알프스에 대한 그리움을 이 책을 만지작거리면서 달래고 있습니다. 지난 사진들을 보며 지도를 따라 코스 곳곳을 드나드는 재미에 빠지다보니 어느덧 한 권의 책이 되었습니다.
 알프스는 늘 그 자리 그대로지만 산을 대하는 우리네 인간이 변하고 있습니다. 변하지 않는 산을 대하는 자세와 몫은 스스로에게 있습니다. 이 책이 알프스를 제대로 느끼고 즐길 수 있는 길잡이 역할을 톡톡히 하기를 기대합니다.

앙테른 고개 뒤편에서 본
몽블랑 산군의 몇몇 봉우리들.

1-GR5 개요
(레만 호수에서 지중해변 니스까지)

루트 개요

위치	프랑스 동남부와 스위스 일부, 이탈리아 알프스 서부 국경 인근.
출발/종착지	생 쟁골프(레만호) / 니스(지중해)
총 거리	약 674km
소요일	21일~한 달
최고 고도	2796m(샤비에르 고개)
숙박	산장 및 호텔, 캠핑
난이도	보통

 적어도 3주에서 한 달은 걸어야 하는 GR5 코스는 원래 네덜란드의 북해변 후크에서 시작해 훨씬 더 길지만 이 책에서는 레만 호수에서 지중해변의 니스까지 걷는 알프스 대횡단 구간만 다루었다. 모험적이고 경험이 많은 트레커들이 시도해볼만한 알프스의 대표적인 트레킹 코스인 셈이다. 그렇다고는 하나 산장이나 여행자 숙소, 각 산간마을의 편의시설 등이 잘 되어 있어 장거리 보도여행자들도 알프스 산간마을과 고개들을 넘으며 알프스를 체험해볼 수 있는 코스라고 본다. 매년 여름이면 수많은 트레커들이 이 코스를 걷는데, 한 번에 전 구간을 걷는 이들도 있고 구간별로 나누어 걷는 이들도 많다. 시간적인 여건상 필자는 세 구간으로 나누어 걸었는데, 트레커 본인의 체력이나 시간 등의 여건에 맞춰 걸을

수 있다. 교통이 편리한 알프스 트레킹의 장점이다. GR5 코스는 대체로 한적한 구간들이 많지만 몇몇 유명 트레킹 구간에서는 많은 트레커들과 만나기도 하는데, 그만큼 알프스의 비경지를 이어놓은 코스인 셈이다.
 레만 호수를 뒤로 하고 스위스 국경과 인접해 걷다가 몽블랑 산군을 지나면서부터 이탈리아 국경을 나란히 하고 프랑스 알프스를 종단해 지중해까지 걷는데, 도중에 몇몇 프랑스의 국립공원들을 지나면서 알프스의 속살을 피부로 느낄 수 있을 정도로 일생일대의 멋진 추억거리를 안겨 줄 것이다.
 전체적으로 길은 험하지 않아 캠핑을 하면서 트레킹을 해도 어렵지 않다. 이 책에서는 27구간으로 나누었지만 한 구간이 하루 일정은 아니며 대체로 마을에서 마을까지, 계곡에서 계곡까지로 나누었다. 트레커는 그때그때 형편에 맞게 잠자리를 택할 수 있으며 변형 코스들도 있다. 시간이 넉넉하면 일정을 더 길게 잡고 여유있게 트레킹을 할 수도 있다. 시간 여유가 없으면 몇몇 구간을 끊어 걸어도 좋으며, 케이블카나 버스, 택시 등을 이용해 완주할 수도 있다.

 레만호에서 지중해까지 걷는 GR5 코스는 알프스에서 가장 아름답고도 멋진 파노라마를 지켜볼 수 있는 트레킹 코스 중 하나로서 알프스의 대표적인 횡단코스다. 2000미터 이상 고개만도 수십 개를 넘으며 약 674㎞ 거리를 걷는데 3주~4주 정도 걸린다. 대부분의 트레커들은 산장을 이용하는데, 숙박 및 저녁/아침식사가 포함된 산장 이용료는 1일 약 50 유로 내외, 50~70 스위스 프랑 정도다. 캠핑도 가능하지만 무거운 짐을 지고 고개를 오르내릴 수 있는 체력이 필요하다. 도중에 만나는 산장에서 점심식사도 가능하며 이삼일 거리마다 만나는 큰 산간마을에서 식료품을 구입할 수 있다. 출발지인 생 쟁골프에 가기 위해 제네바나 쥐리히 공항을 이용하는 편이 좋겠다. 필자는 레만호에서 지중해까지 남쪽으로 걸었는데, 반대 방향으로도 걸어볼 만하다.

사바예로 고개를 내려오는 트레커들(13일째).

권역별 GR5 횡단 계획

GR5 트레킹은 현지 트레커들도 권역별로 나누어 걷는 경우가 많다. 일주 일씩 크게 4권역으로 나눌 수 있다. 1권역은 레만 호수의 생 쟁골프에서 우쉬(샤모니)까지, 2권역은 우쉬에서 모단(Modane), 3권역은 모단에서 라흐쉬(Larche), 4권역은 라흐쉬에서 니스까지다. 이것은 교통이나 시간적인 편리에 따른 대략적인 구별일 뿐이다.

1 권역

1일 : **생 쟁골프**-노벨-비즈 고개-비즈 산장
2일 : 비즈 산장-보스 고개-라 샤벨르 다봉당스-레 마트
3일 : 레 마트-바사쇼 고개-세저리 고개-세저리 산장(스위스)
4일 : 세저리 산장- 꾸우 고개(프랑스)-골레즈 고개-사모앙스
5일 : 사모앙스-살바니-앙떼른 호수-앙떼른 고개-앙떼른 고개 산장
6일 : 앙떼른 고개 산장-브레방-벨라샤 산장
7일 : 벨라샤 산장-**우쉬(샤모니)**-벨뷔-트리코 고개-미아즈 산장

2 권역

8일 : 미아즈-꼰타민느-발므 산장-본옴므 고개-크로와 본옴므 산장
9일 : 크로와 본옴므 산장-소스 고개-쁠랑 더라 레-브레송 고개-발므 산장
10일 : 발므 산장-발러장-몽또흘랑-포르트 더 로주엘-앙트르 러 락 산장
11일 : 앙트르 러 락 산장-빨레 고개-티뉴 발클라레-레스 고개-레스 산장
12일 : 레스 산장-바누와즈 고개-프라로낭-러뽀쥐 산장
13일 : 러뽀쥐 산장-뻬클레 쁠세 산장-샤비에르 고개-**모단**

3 권역

14일 : **모단**-샤흐메 다리-로자-발레 에트르와트 고개-따보르 산장
15일 : 따보르 산장-퐁더리 다리-치레 고개-네바쉬
16일 : 네바쉬-그라농 고개-바르또 고개-크로와 더 뚤루즈-브리앙송
17일 : 브리앙송-아이예스 고개-레이샤이용-라 샬프
18일 : 라 샬프-루 호수-샤또 케이라스-프로마즈 고개-세이약
19일 : 세이약-미르와르 호수-지라르당 고개-말자쎄
20일 : 말자쎄-푸이우즈-발로네 고개-말러모르 고개-**라흐쉬**

4 권역

21일 : **라흐쉬**-까발르 고개-푸르쉬 고개-생 달마스 러 셀바즈
22일 : 생 달마스 러 셀바즈-아넬르 고개-생 에티엔느 더 티네-호야
23일 : 호야-크루제트 고개-물린느 고개-롱공 산장
24일 : 롱공 산장-후르-쌩 소베르 쉬르 티네-함쁠라스-생 달마스 발더블로르
25일 : 생 달마스-되 게르 고개-푸르네스 고개-위뗄르
26일 : 위뗄르-크로 다리-러방스-아프레몽
27일 : 아프레몽-레 모르그-에르 생 미셸-**니스**

2-걷기에 앞서

1990년대부터 알프스 산행경험이 많은 필자지만 이 트레킹 안내서는 단편적으로 경험한 내용과 사진으로 엮었기에 GR5 트레킹 코스 각각에 대한 상세한 설명이 부족할 수 있다. 일부 정보들은 바뀔 수 있으니 보다 최신의 정보를 가진 트레커들의 실제 체험기 등을 참고하면 더 도움이 될 것 같다. 이 책은 독자들이 보다 험하고 새로운 트레킹 준비를 위한 도구일 뿐 실제 트레킹에서는 자신의 의지와 경험, 지식과 판단으로 어려움을 헤쳐 나가야 할 것이다. 실제로 오랫동안 알프스의 봉우리들을 오르내린 필자도 많은 짐을 지고 넘은 고갯마루들은 힘겨웠으며 몇몇 구간에서는 길 찾기에 애를 먹었다. 주변의 지형지물을 살피면서 늘 긴장의 끈을 놓지 않고 걸어야 길을 잃어버리지 않을 것이다. 하지만 대체로 이정표나 (바위에 흰색/붉은색 두 줄 페인트로 칠해진) 길표시가 잘 되어 있다.

이 책에 서술한 코스의 각 구간들은 편의상 나누었을 뿐이며 자신의 체력이나 능력에 따라 (앞 페이지의 일시별 횡단계획을 참고하여) 조정할 필요가 있다. 필자는 산장을 이용하며 걷기도 했고 산장 대신 텐트를 이용하기도 했는데, 그러려면 시간이 더 필요하고 많은 짐을 지고 고개들을 오르내릴 강인한 체력을 길러야 한다. 산장을 이용하려면 본문에 기술한 내용대로 산장에서 산장으로 이동하면 무난할 것이다. 단체가 아니면 산장 예약에 어려움이 많지 않을 것이기에 그날의 체력이나 날씨에 따라 그날 묵을 산장을 정해도 되리라 본다.

이 책에 표기된 산행시간과 트레킹 중 만나는 이정표에 적혀있는 산행시간은 차이가 나는 경우가 많다. 이정표의 시간은 터무니없게 잘못 표시된 경우도 있는데, 대개 일반적인 산행시간보다 짧게 표시되어 있다. 쉬거나 사진을 찍는 시간 등을 감안하여 여유 있게 계획을 세워야 한다. 트레킹 코스 곳곳의 큰 산악마을에 위치한 관광안내소에 문의하면 많은 도움이 될 것이다. GR5의 경우 생 쟁골프나 사모앙스, 우쉬, 혹은 꽁따민느, 모단, 브리앙송 등과 같은 산악마을에 있는 관광안내소는 트레킹 정보를 친절하게 제공하고 있다.

트레킹 시기

GR5는 2000미터 이상의 고갯마루를 넘어야 하기에 트레킹은 대개 여름시즌인 6월 말부터 9월 중순이 좋다. 시즌초반인 6월이나 7월 초순까지는 높은 고개나 북측 사면에 눈이 남아 있어 이에 대비해야 한다. 7월 중순부터 8월 말까지 많은 휴가객들이 몰리는 시기에 산장이나 호텔을 이용하는 경우는 예약을 하는 게 바람직하다. 대부분의 산장은 6월 말에는 문을 열기 때문에 이를 고려하여 계획을 세워야 한다.

초여름에는 알파인 언덕에 야생화들이 개화하는 장관이 펼쳐지고 한

여름에는 만발한 꽃들뿐 아니라 휴가객들도 많이 만나게 된다. 알파인 지대의 가을이 시작되는 8월 말부터는 2000미터 이상 고개에 신설이 내리기도 하지만 아름다운 가을 분위기를 만끽할 수 있다. 간혹 9월 중순에 한동안 안정된 날씨가 지속되기도 해 한적한 트레킹을 즐길 수도 있다.

교통

GR5 트레킹을 위해 출발지인 생 쟁골프에서 가장 가까운 공항은 스위스의 제네바(Geneva) 공항이다. 국제공항이지만 한국에서 가는 직항노선이 없어 유럽 주요도시에서 환승하는 티켓을 끊어야 한다. 한편 직항편이 있는 쥐리히에서 기차를 이용할 수도 있다.

종착지인 니스(Nice)에도 공항이 있어 알프스 횡단 후 곧장 귀국편에 오를 수 있다. 도중에 만나는 우쉬나 모단, 브리앙송 등에서는 유럽의 주요도시로 갈 수 있는 열차를 탈 수 있으며 기타 큰 산간마을에서도 버스를 이용할 수 있어 알프스 횡단시 하루면 충분하게 대도시로 이동할 수 있다.

시차

알프스 쪽 나라와 한국과의 시차는 8시간이지만 보통 3월말부터 10월말까지 섬머타임을 시행하므로 여름철에는 7시간 시차가 있다. 알프스에서 아침 7시면 한국은 오후 2시이다.

언어

이 책에 소개된 GR5 트레킹 코스는 주로 프랑스 국경 내에서 걷기에 불어가 통용되지만 영어만 사용해도 큰 불편이 없다. 간혹 알프스 산골에서 영어가 통하지 않을 수 있지만 지도 등을 펼쳐 보이면 길을 잃을 염려는 없다. 만국공통어인 몸짓손짓은 어떤 경우에도 통하니 언제든 현지인에게 도움을 요청할 수 있다.

화폐

GR5 트레킹 중 산간마을의 숙소와 식당, 일부 산장에서는 카드도 사용 가능하지만 유로(EUR)화를 현금으로 지니고 다니는 게 편리하다. 산골의 레스토랑이나 카페, 산장에서는 현금 사용이 일반적이다. 생 쟁골프, 사모앙스, 우쉬, 꽁따민느, 모단, 브리앙송 등 큰 산간마을에는 현금 지급기(ATM)가 있다.

식료품과 생활용품 및 기타

 품목에 따라 차이는 있지만 슈퍼마켓에서의 식료품 가격은 한국에 비해 그리 비싼 편은 아니다. 몇몇 품목들(유제품과 농산물 등)은 품질도 좋고 가격도 착하다. 큰 산간마을 시내에는 큰 슈퍼마켓과 소형점포가 여럿 있으며 가격에 큰 차이가 없다. 보통 아침 8시부터 저녁 7시 반까지 문을 연다. 악세사리나 생활용품 또한 슈퍼마켓에서 구입할 수 있다. 빵집은 시내 곳곳에 위치해 있는데, 아침 7시에 문을 연다. 빵집에서 샌드위치 등 점심을 준비해 당일산행에 이용해도 좋다. 세탁을 위해선 큰 마을 몇몇 곳에 위치한 무인유료 세탁소를 이용하면 된다. 건조까지 할 수 있다. 큰 마을에선 요일이 맞으면 장이 서는데, 알프스 산록에서 나는 신선한 치즈와 야채, 고기뿐 아니라 골동품이나 일용품 등도 구매할 수 있다. 장터에서 간단히 장을 봐 그날 점심을 해결하면 좋다.

트레킹의 어려움

 GR5 코스는 마터호른이나 몬테로자 일주처럼 빙하 지대를 통과하지는 않지만 이른 시즌인 7월 초순까지 높은 고개의 북사면에 눈이 남아 있을 수 있다. 가파른 알파인 고개들을 넘고 좁은 산허리길을 지나는 구간도 있지만 지그재그로 길이 잘 나 있다. 일반적으로 모든 구간에 이정표가 잘 설치되어 있으며 다리와 철 계단, 쇠사슬 등이 잘 구비되어 있다. 하지만 간혹 낙석이나 눈사태 등으로 길이 유실되는 경우가 있으며 심지어 다리가 끊겨 있을 수도 있다. 사전에 이런 상황을 확인할 필요가 있는데, 반대편에서 오는 트레커에게 확인하거나 산장에서 알아볼 필요가 있다.

 비나 눈이 내릴 경우에는 길이 미끄럽거나 낙석의 위험이 커 주의해야 하며, 악천후에 대비한 방한의류 등 철저한 준비가 필요하다. 돌밭이나 눈밭을 반나절은 걸을 수 있을 정도로 발목이 충분히 긴 등산화를 신는 것이 좋다. 이처럼 철저한 준비는 해야 되지만 GR5가 그렇게 경험 많고 강인한 트레커만 즐길 수 있는 코스는 아니다. 한 짐 가득 짊어진 백패커에서부터 작은 개나리봇짐만 진 어린아이까지 남녀노소 누구나 자신의 형편(체력과 시간 등)에 따라 GR5 코스를 즐기며 걷는 트레커들을 만날 수 있었다. GR5는 알프스의 가장 보편적인 2000미터대 고개를 넘는 대횡단 코스이기 때문이다.

응급 구조
경찰비상전화 : 112(프랑스) / 118(이탈리아) / 144(스위스)

산악경찰 헬리콥터 구조대 : (절대적인 응급상황시에만!)
프랑스(04 50 53 16 89), 이탈리아(01 65 84 22 25), 스위스(144)

산에는 여러 종류의 객관적인 위험 요소들이 있는데, GR5 코스도 예외는 아니다. 트레킹이 위험한 산악활동은 아니지만 (심지어 위험한 알파인 벽등반보다 더) 매년 사고 건수가 많다. 등반보다 트레킹을 즐기는 인구가 더 많기 때문이다. 여름 시즌의 알프스 2~3000미터 고지는 (특별한 경우가 아닌 한 악천후가 발생하지 않아) 누구나 지내기 좋은 산악 환경이다. 응급 상황 외에는 장비를 잘 갖추고 체력을 충분히 기르면 보다 멋진 트레킹을 즐길 수 있다. 사모앙스, 우쉬나 꽁따민느, 모단, 브리앙송 같은 큰 마을 외에는 병원이나 약국이 없으니 비상약 등도 준비할 필요가 있다.

일반적으로 알프스 산골에서 휴대 전화 통화가 가능하지만 일부 지역에서는 안될 수 있다. 구조 요청을 위해서라도 휴대 전화는 필요하며 정확한 위치와 전화번호를 구조대에 알려주어 신속한 구조가 이루어질 수 있도록 한다. **구조비용이 만만치 않으니 꼭 필요한 경우에만 구조 요청을 해야 한다.** 알프스에서는 무료구조 및 무료치료는 기대할 수 없기에 적절한 보험을 들고 관련서류도 지참하는 게 좋다.

국제전화코드 : 0033(프랑스), 0039(이탈리아), 0041(스위스)

트레킹 장비

2000미터 고지 알파인 트레킹에 필요한 일반적인 장비가 필요하지만, 눈 덮인 고개를 넘어야 하는 경우에도 대비해야 한다. GR5 트레킹의 경우 아이젠이나 피켈, 로프 등은 필요하지 않지만 6월 말이나 7월 초, 혹은 눈이 많을 경우 높은 고개의 가파른 지대에서 혹 필요할 수도 있다.
의류 : 트레킹을 하다보면 시기나 높이에 따라 아주 덥거나 몹시 추운 경우가 있다. 2000미터 고지의 한낮 평균기온은 10~15도 정도지만 비나 눈이 내릴 경우 기온이 급강하해 한여름에도 1500미터 지대까지 눈이 내리기도 한다. 거기에 바람까지 불면 훨씬 더 춥기에 방풍의류가 필수적이다. 반팔 티에서부터 두꺼운 파일 재킷까지 배낭 무게에 맞춰 적성량(나의 경우

반팔 티 두 개, 파일 재킷 하나, 방풍방수 의류 하나, 여분의 속옷 한 벌)을 준비해야 한다.

배낭 : 산장을 이용하면 그다지 클 필요가 없지만 야영을 위해선 모든 짐을 넣을 만큼 충분히 커야 한다. 비에 대비해 배낭 커버는 필수적이다.

등산화 : 장거리 산행에는 발목이 길고 바닥이 휘지 않는 등산화가 좋다.

기타 워킹용 스틱, 얇은 장갑, 양말 두어 켤레, 방한모, 챙 모자 등이 필요하다. 아울러 가벼운 식기류와 가스버너 등도 준비하면 (모든 식사를 산장에서 해결하더라도) 트레킹을 하면서 간혹 요긴하게 쓸 수 있다. 스크루 형식의 등산용 가스는 대개 큰 산악마을에서 구입 가능하다. 알프스 고지대에선 태양 광선이 강하기에 챙 모자와 선글라스, 선크림 등도 필요하다. 카메라와 수첩 등도 준비하면 보다 멋진 추억거리를 남길 수 있다.

입산규정 및 입산료

알프스 전역을 트레킹 하는데 있어 특별히 입산을 규제하는 경우는 없다. 몇몇 산군이 국립공원으로 지정되어 있어 국립공원사무실은 있지만 입산을 통제하는 경우는 없으며 입산료 또한 부과하지 않는다. 산을 사랑하는 누구든 자연을 보호하는 의무만은 지켜야겠다.

GR5 코스의 동식물들

GR5 트레킹은 계곡 바닥에 위치한 사모앙스, 우쉬나 꽁따민느, 모단 같은 산간마을에서부터 높은 고갯마루(샤비에르 고개, 2796m)까지 오르는데, 각 고도별로 다양한 야생화들이 핀다. 많은 꽃들이 자연보호법으로 보호를 받고 있는데, 트레킹 중에 만나는 꽃의 개화는 시기에 따라 달라진다. 알파인 지대에서는 6월 말부터 9월 말까지 다양한 꽃들이 피고 진다. 초여름에는 마을 주변의 저지대에서 꽃들이 만개하기 시작해 2000미터 고지까지 이어진다. 하지만 그보다 높은 곳에서는 그제야 겨울눈이 녹기 시작하기에 꽃이 피지는 않는다.

한여름이 되면서 저지대 풀밭에서는 풀을 베어 건초 만들기가 한창이지만 2000미터 이상에서는 꽃들이 피기 시작한다. 알프스의 장미 알펜로제가 이때 한창인데, 철쭉을 닮은 꽃들이 1500~2500미터 사면을 수놓는다. 이런 진홍색 꽃밭은 트레킹 내내 즐거움을 더해준다. 저지대에서 보던 꽃들을 고지대에서도 보게 되는데, 크기는 보통 더 작지만 색깔

과 향이 진하다. 2500~3000미터 고지에서는 진정한 알파인 종들을 만나게 되는데, 바위 사이에 아주 작게 자라고 있다. 이 꽃들은 눈이 내리기 전까지 약 6주 정도만 피었다 진다. 그러므로 에너지를 저장하기 위해 크기가 아주 작고, 곤충들의 이목을 끌기 위해 색상 또한 화려하다. 알파인 지대의 고개들을 넘으며 지켜보는 이런 꽃들의 아름다움도 알프스 트레킹이 주는 기쁨 중 하나다. 한편 2000미터 내외의 알파인 지대를 걸으며 맛볼 수 있는 산딸기와 블루베리도 트레킹을 즐겁게 한다.

또한 고도에 따라 바뀌는 다양한 종류의 나무들을 관찰하는 일도 흥미롭다. 알프스에는 주로 전나무와 소나무로 이루어진 침엽수림이 많다. 이런 숲들은 낙엽 침엽수들이 많아 봄이면 연한 녹색으로 돋아나 가을에 황금빛으로 물든 후 떨어진다. 몇몇 구간의 원시림 지대는 알프스다운 야생의 자연미를 그대로 간직하고 있다.

알파인 지대를 걷는 또 다른 즐거움 중 하나는 야생동물을 만나는 일이다. 알프스에는 수많은 종류의 동물과 새들이 있는데, 트레킹을 하다 보면 종종 만나게 된다. 샤모아, 아이벡스(산양), 그리고 마멋은 자주 볼 수 있지만 많은 동물들이 계곡과 알파인 초원, 모레인 지대에서 살고 있다. 숲에는 여러 종류의 사슴이 있는데, 일반적으로 이른 아침이나 황혼 녘에 보인다. 약 1500미터 아래에 서식하는 멧돼지는 가끔씩 트레킹 길옆 흙을 마구 파헤쳐 놓기도 한다.

알프스 트레킹을 하다보면 여러 야생동물을 만나게 될 것이다. 분명 그들이 먼저 알아차리겠지만 너무 소리쳐서는 안 된다. 풀밭 바위지대는 산토끼들이 사는데, 겁이 많고 호기심도 있어 바위 주변을 잽싸게 서성인다. 한편 드물긴 하지만 살쾡이도 있고, 지금은 없는데 예전에는 곰도 있었다고 한다. 늑대나 여우 등도 있지만 좀체 만날 수 없을 것이다. 하지만 토끼나 마멋이 천적에 당한 잔혹한 잔해는 필자가 몇 번 목격한 바가 있다. 산양 등 야생동물을 대하면 반갑다. 사진을 찍어 그 순간을 기록하는 건 좋은데, 그들을 놀라게 하지는 말아야 한다. 막무가내로 피사체에게 다가가거나 소리쳐 멀리 도망가게 해서는 안 된다. 고배율의 망원렌즈를 준비하거나 자신의 눈에 담는 걸로 만족하자.

길표시

왼편으로 가라는 길표시

GR5 코스를 알려주는 길표시는 기본적으로 흰색과 붉은색 두 줄로 표시해둔다. 바위나 나무, 골목길 모퉁이 등에 두 줄로 표시해 GR5를 이어주는데, 왼편이나 오른편으로 방향을 트는 표시도 있으며 길이 아닌 곳은 X자로 표시해둔다. 한참을 가도 이러한 표시를 못만나면 가는 길을 재확인할 필요가 있다. 종종 만나는 이정표에 적힌 지명과 방향을 지니고 있는 지도나 개념도와 맞춰볼 필요가 있다.

식수

트레킹 중 만나는 마을이나 산장의 음수대 물은 거의 다 마실 수 있으며 불량한 물은 따로 표시를 해둔다. 기타 알파인 호수와 계곡에 흐르는 물도 마실 수 있는 경우가 많은데, 의심스러우면 끓여 먹도록 한다. 알프스 산간의 물사정은 좋은 편이다.

숙박

GR5 트레킹을 위해 호텔에서부터 여행자 숙소(지트, 도미토리), 산장 및 캠핑장에 이르기까지 다양한 숙소를 이용할 수 있다. 연락처는 <5-각종 연락처>를 참고하기 바란다. 호텔이나 산장 등을 이용할 경우 트레킹할 때 먹을 간식이나 점심 등은 전날 저녁에 미리 주문해두면 출발 전에 받을 수 있다. 산행 중 만나는 산장에서 점심을 먹을 순 있지만 저녁 때까지 산장이 없는 구간도 있으니 식량(행동식 등)을 충분하게 준비하는 게 좋다.

생 쟁골프나 사모앙스, 우쉬, 꽁따민느, 모단, 니스 등과 같은 곳에는 여러 등급의 호텔이 있으며 캠핑장도 이용할 수 있다. 횡단 트레킹 중 캠핑은 마을 주변이나 도로변 등 저지대에서는 피하는 게 좋으며, 돌사태가 있을 만한 지대나 양이나 소들을 방목하는 장소도 피해야 한다. 사정이 여의치 않으면 산장 앞 풀밭에 텐트를 쳐도 산장지기의 인심이 후할 정도로 환대를 받는 경우도 있다. 국립공원지

대에서도 비박 즉, 저녁 7시부터 아침 7시까지 작은 텐트는 허용되기도 한다.

 산장에 따라 조금씩 차이는 있지만 저녁 식사 및 아침 식사뿐 아니라 따뜻한 샤워도 가능한 곳이 있다. 술과 음료수도 구입할 수 있다. 대개 6월 중순부터 9월 중순까지 산장 문을 연다. 산장 숙박료는 석식 및 조식을 포함하여 40~50유로(EURO) 내외이다. 인터넷 이메일과 전화를 병행해 예약 및 확인하면 보다 확실하게 잠자리를 예약해둘 수 있다. 산장지기에게 다음 산장예약을 부탁해도 좋다. 트레킹할 때 생기는 쓰레기는 산장에는 쓰레기통이 없기에 지니고 하산하여 마을에서 버려야 한다. www.refuges.info/www.gites-refuges.com

산장 예절

 산장에 도착하면 트레킹 때 신은 신발은 털어서 입구 바로 안쪽에 있는 선반에 두고 산장 실내화로 갈아 신는다. 이어 산장지기에게 예약한 이름을 밝히고 침상을 배정 받는다. 대개 산장에서 제공하는 저녁 및 아침 식사는 이미 정해져 있는 경우가 많다. 드물게 메뉴를 정해야 하는 경우도 있으니 특별히 원하는 음식이 있으면 미리 말해둬야 한다. 산장 이용료는 보통 저녁식사 후에 현금으로 지불한다.
 담요와 베개는 산장에 구비되어 있지만 위생을 위해 침낭 내피 정도는 지니고 다니면 좋다. 산장에 따라 새벽 일찍 출발하는 알피니스트들 때문에 간혹 잠을 설치는 경우도 있다. 저녁 일찍 잠자리에 드는 그들의 잠을 방해하지 않도록 한다. 일반적으로 저녁 10시가 소등 시간이기에 그 전에 잠자리에 들어야 다음날 트레킹을 위한 휴식을 충분히 취할 수 있을 것이다. 단체로 산장을 이용할 경우에는 다른 이용자들의 휴식을 방해하지 않도록 목소리를 낮추는 등 예의를 지킨다.

파레트 고개 산장

바누와즈 고개
주변의 풍경.

알프스 대횡단
3-레만호~니스 GR5

1 구간   생 쟁골프 - 비즈 산장

생 쟁골프(St Gingolph, 375m) – 노벨(Novel, 950m) : 2h(+575m)
노벨(Novel, 950m) – 네이또(Neuteu, 1750m) : 2h25(+800m)
Neuteu(1750m) – 비즈 고개(Col de Bise, 1915m) : 40mn(+165m)
비즈 고개(1915m) – Refuge de Bise(1502m)) : 40mn(-413m)

총 거리 : 12km / 총 시간 : 5h45
상행고도 : 1529m / 하행고도 : 413m

니스까지 첫걸음을 떼는 생 쟁골프에서 드넓은 바다처럼 여겨지는 레만 호수를 등지고 앞으로 약 한 달간 걷게 될 무언의 다짐을 하게 된다. 시작이 반이라지 않던가. 담담하게 첫 구간을 시작하고서 숱한 고개들 중 첫 번째 고개인 비즈 고개에 올라서면 몇 시간 전에 떠나온 레만 호수가 한눈에 내려다 보인다. 시야를 돌려 남쪽을 보면 저 멀리 몽블랑 산군이 아스라히 보이며 고개 바로 아래 40분 거리에 비즈 산장이 위치해 있다. 힘들지 않는 첫 구간인데, 체력이 된다면 바로 다음 구간의 라 샤벨르 다봉당스까지 하루에 가기도 한다.

GR5의 출발지인 생-쟁골프의 역사는 서기 755년부터 시작되었는데, 1569년에는 사보이, 발레 공국으로 나뉘어져 프랑스와 스위스 땅으로 분할되었다. 2차 세계대전에는 프랑스인들이 스위스로 넘어와 난민생활을 하며 레지스탕스 활동을 했다고. 국경이 가까운 프랑스령 레만 호숫가(375m)에 세워진 이정표에서 GR5는 시작된다. 호숫가에서 오르막을 따라 곧장 골목길을 오르면 차도가 있고 도로를 건너 계속해서 골목길을 오른다. 골목길 모서리마다 흰색/붉은색 이정표가 길을 안내한다. 교회를 지나 정원에 무궁화가 많은 골목길을 벗어나면 숲속에 줄타기 놀이시설이 있다. 이 놀이공원을 끼고 개울가를 거슬러오른다. 한 시간 이상 올라 몇 번 노벨 마을(950m)로 이어진 아스팔트 도로를 지나 오솔길을 오르면 노벨이다. 생 쟁골프에서 늦게 출발했다면 숲을 벗어나 전망이 트인 이곳에서 하룻밤을 묵어도 좋다. 배낭 여행객을 위한 숙소가 두 군데 있으며 작은 가게도 하나 있다.

골목을 끼고 노벨 마을을 벗어나면 다시 낙엽수림 아래 오솔길이 이어지며 작은 교회를 지난다. 도중에 몇 번 농가들이 있는 목장지대(La Planche, 1205m)를 지나 본격적인 오르막이 시작된다. 한 시간 이상 오르막을 오르면 나무가 없는 풀밭이 이어지고 곧 네이또(1700m)에 이른다. 대여섯 채의 오두막이 모여 있는데, 식수를 구할 수 있다. 이후 완만한 풀밭길을 반 시간 오르면 비즈 고개(1915m)다. 고갯마루에서 이제껏 오른 사면을 뒤돌아보면 저 멀리 레만 호수가 한눈에 내려다 보인다. 고개에서 완만한 풀밭길을 반 시간 이상 걸어 힘들지 않게 비즈 산장(1506m)에 이른다.

1 구간

St Gingolph(www.st-gingolph.ch) : 각종 편의시설 갖춰져 있음.

Novel(950m) : Hotel du Clozet(tel. 04 50 76 72 80)
　　　　　　 Gîte Les Franco Suisse(tel. 04 50 76 73 74)

Refuge de Bise(1502m) : tel. 04 50 73 11 73 / 04 50 78 18 28

레만 호숫가의 생-쟁골프. 제네바에서 버스나 열차 편이 있으며 호수 건너편 로잔에서 배로 닿을 수 있다. 슈퍼마켓과 숙박업소들이 있다.

755년에 만들어진 생-쟁골프는 1569년에 사보이, 발레 공국에 의해 나뉘어져 지금은 국경이 프랑스와 스위스 땅으로 분할되어 있다. 국경이 가까운 프랑스령 호숫가에 세워진 이정표에서 GR5는 시작된다. 호숫가에서 언덕을 따라 곧장 골목길을 오르면 된다. 골목길 모서리마다 노랑색 화살표가 길을 안내한다.

주택가 골목길을 따라 오르막길이 이어져 있다.

무궁화가 피어 있는 주택가 너머로 레만 호수가 내려다보인다.

노벨 마을에 이르는 길은 도중에 몇 번 아스팔트 길과 만난다.

생-쟁골프에서 마을을 벗어나 줄타기 놀이공원 옆을 끼고 한동안 숲속을 거슬러 올라야 한다. 갈림길마다 이정표가 있다.

노벨 마을(950m). 생-쟁골프에서 늦게 출발하면 이곳 여행자 숙소 두 곳에서 묵어도 좋다. Hotel du Clozet 앞 마당. 여행자를 위한 공용 침실도 있으며 작은 식료품점도 운영한다.

Hotel du Clozet(tel. 04 50 76 72 80)의 이용료. 배낭 여행자를 위한 방값은 25유로이다.

마을 골목 맨위에 위치한 여행자 숙소 Gîte Les Franco Suisse(tel. 04 50 76 73 74).

니스까지 쉬지 않고 걸어야 21일 걸린다.

노벨 마을 위 교회

약 3시간 정도는 활엽수림 아래를 걷는다.

샤모니까지 걷는다는 스위스 트레커. 스위스인인 자신도 물가 때문에 프랑스령 트레킹을 즐긴다고.

노벨에서 2시간 이상 걸려 네이또 마을에 닿는다. 식수를 구할 수 있다.

네이또 마을에서부터 시야가 트여 저 멀리 레만 호수가 보인다.

비즈 고개 아래의 풀밭.

약 5시간만에 비즈 고개에 올라선 트레커들.

비즈 고개 너머 남쪽 풍경. 몽블랑 산군은 구름에 가려 있다.
비즈 산장이 자그마하게 내려다보이며 다음에 넘을 보스 고개도 보인다.

보스 고개

비즈 산장

비즈 고개(Col de Bise, 1915m)에 오른 트레커들. 당일 산행으로도 많이 찾는다.

비즈 고개의 밤풍경.
레만 호수 건너편 로잔 쪽 야경이 좋다.

비즈 고개에서 남쪽으로 본 일출. 몽블랑이 살짝 고개를 내밀고 있다.

비즈 산장이 있는 계곡에 아침햇살이 닿기 시작했다.

비즈 고개에서 하산길은 경사가 완만한 풀밭길이다.

비즈 산장 위 목장 지대.

비즈 고개에서 약 40분 하산하면 비즈 산장이다.

목장을 개조해 만든 비즈 산장(1502m).

2 구간 비즈 산장 - 레 마트 고개

Refuge de Bise(1502m) – 보스 고개(Pas de la Bosse, 1816m) : 1h(+314m)
Pas de la Bosse(1816m)) – 라 샤뻴르 다봉당스(La Chapelle d'Abondance, 1021m) : 1h50(-795m)
La Chapelle d'Abondance(1021m) – Les Mattes(1930m) : 3h(+909m)

거리 : 약 12km / 시간 : 5h50
상행고도 : 1143m / 하행고도 : 795m

GR5 두 번째 구간으로서 보스 고개를 넘어 앞으로 이어질 코스를 한눈에 건너다 보면서 라 샤뻴르 다봉당스로 하산한다. 이 마을은 주변에서 가장 큰 마을로 온갖 편의시설뿐 아니라 여러 스포츠 레저를 즐길 수 있어 잠시 쉬어갈만 하다. 이어 계곡을 따라 오르다가 본격적인 오르막에 접어드는데, 줄곧 전나무 숲길을 올라 다소 풍경이 따분하지만 3시간 동안 오른 보상은 목적지 레 마트에서 충분하게 받을 것이다. 드넓은 풀밭 너머로 펼쳐진 당디 미디와 당 블랑쉬의 침봉들이 펼쳐져 있어 이제 본격적으로 알프스의 품에 안기는 느낌을 즐길 수 있다. 알프스 산간의 목가적 정취를 느끼며 하루를 마감할 수 있을 것이다.

　비즈 산장에서 한 시간 오르막을 오르면 넓은 풀밭이 나오고 남쪽으로 시야가 확 트인다. 곧 내려갈 라 샤뻴르 다봉당스가 있는 계곡과 앞으로 오르내릴 산능성이들이 첩첩이 펼쳐져 있다. 라 샤뻴르 다봉당스까지 하산길은 험하지 않는데, 채 두 시간이 걸리지 않는다. 이 마을은 오래된 산간농경마을이었지만 요즘은 년중 많은 관광객이 찾는 휴양지로 탈바꿈했다. 겨울에는 스키어들도 많이 찾는다. 마을 중심가를 가르는 아스팔트 도로를 따라 위쪽인 남동 방향으로 10분 걸으면 식료품을 구입할 수 있는 수퍼마켓이 있다. 이곳이 라 빵티아즈(La Pantiaz)인데, 수퍼마켓 바로 전에 우측으로 도로에서 벗어나 개울을 따라 오른다. 곧 나무다리를 건너 이정표를 따라 본격적인 오르막이 시작된다.
　등에 땀이 맺힐 즈음 수십 미터 높이의 폭포가 나타나 나무벤치에서 땀을 식혀가기 좋다. 이후 길은 전나무 숲 속에서 계속해서 오르막이 이어진다. 트레벤따즈 산장으로 오르는 갈림길이 나타나는데, 캠핑을 하지 않는 트레커는 오른편으로 올라 산장으로 향하고 그렇지 않으면 계속해서 왼편 숲길을 따라 오른다. 도중에 목장(les Crottes, 1529m)이 나타나고 여기서 45분 정도 더 올라 전나무 숲에서 벗어나면 목장(Chalet de la Torrens, 1738m)이 하나 더 나타난다. 레 마트 언덕에서는 식수를

2 구간

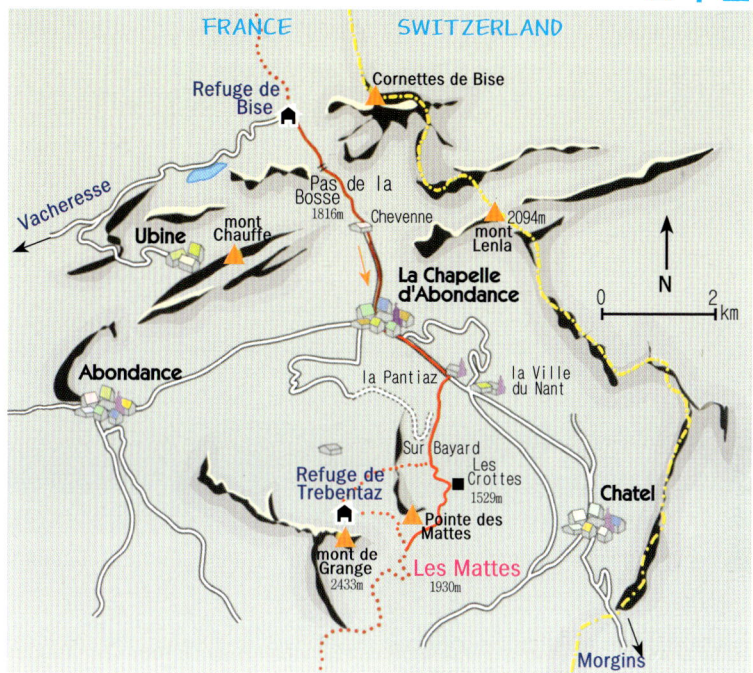

구할 수 없기에 이 목장에 오르기 전 개울에서 물을 떠야 한다. 이제 나무가 없는 개활지를 반 시간 이상 오르면 레 마트 언덕이다. 드넓은 풀밭이 펼쳐져 있어 잘 살피면 몽블랑 산군까지 볼 수 있다.

La Chapelle d'Abondance(1021m) :
관광정보센터 : www.lachapelle74.com(tel. 04 50 73 51 41)
Gîte de Sejour 〈la Clematite〉 : tel. 04 50 71 85 95 / 06 08 32 21 96
Gîte Au Gai Soleil : tel. 04 50 73 50 35
캠핑장(Chatel에 있음), 슈퍼마켓(la Pantiaz에 있음)
주변마을 버스 정보 : www.mobilalp.fr/hautchablais/fr
Refuge de Trebentaz : tel. 04 50 73 26 17

보스 고개로 오르면서 뒤돌아본 풍경. 비즈 산장이 내려다보이며 비즈 고개도 보인다.

보스 고갯길은 비즈 산장(1502m) 뒤로 곧장 오르막이 이어진다.

보스 고개(Pas de la Bosse, 1816m).
비즈 산장에서 한 시간 걸린다.

보스 고개 주변을 지나가는 트레커들. 곧 내려가는
라 샤뻴르 다봉당스에서 당일산행으로도 많이 찾는다.

보스 고개(Pas de la Bosse, 1816m)에서 라 샤뻴르 다봉당스로 하산한다. 앞으로 며칠간 걸을 GR5 코스는 계곡 상단의 눈덮인 봉우리 당디 미디 우측으로 이어진다.

보스 고개(Pas de la Bosse, 1816m)에서 라 샤벨르 다봉당스로 하산하는 모습.
영국에서 온 여학생들도 GR5를 걸었는데, 이후 며칠간 함께 했다.

젊은 트레커들의 모습이 보기 좋았다.

내리막을 내려 숲을 벗어나면 목장(Chalets de Chevenne, 1290m)이 나타난다.

라 샤뻴르 다봉당스(1021m). 제법 큰 산간마을이다.

마을 중심가에 위치한 교회에서 큰 길을 따라 10분 계곡 위로 걸으면 라 판띠아즈(La Pantiaz)에 닿으며 여기 길가에 슈퍼마켓이 있다. 슈퍼마켓 전에 우측으로 길을 틀어 이후 산길로 접어든다. 우리 외에도 캠핑을 하며 GR5를 걷는 이들이 많았다.

마을을 벗어나 잠시 개울가를 따라 걷다가 나무다리를 건너 숲속 오르막이 이어지는데, 폭포 하나가 땀을 식혀준다.

보스 고개

계속해서 숲길이 이어지다 잠시 시야가 트인 곳에서 뒤돌아본 모습. 라 샤뻴르 다봉당스와 보스 고개가 보인다. 이후 길은 한 시간 이상 레 크로트(Les Crottes, 1529m)까지 전나무 숲속으로 이어진다.

전나무 숲을 벗어나면 목장(Chalet de la Torrens, 11738m)이 나타난다. 여기서 30분 오르면 레 마트 언덕(1930m)이다.

레 마트 언덕(Les Mattes, 1930m)에는 드넓은 풀밭이 펼쳐져 있어 캠핑하기 좋다. 식수가 없어 목장 아래 개울에서 준비해야 한다. 오른편에 솟은 당디 미디의 위용이 멋지다.

Les Mattes - alt. 1930 m
← L'Etrye - 0 h 40
← Col de Bassachaux par Lenlevay - 2 h 30
← Très les Pierres - 1 h 30
Chalets de Trébentaz - 0 h 25

3 구간   레 마트 - 세서리 산장

Les Mattes(1930m) – 목장(Lenlevay, 1733m) : 1h(-200m / +100m)
Lenlevay(1733m) – 바사쇼 고개(Col de Bassachaux, 1778m) : 1h50
Col de Bassachaux(1778m) – 세서리 고개(Col de Chésery, 1992m)
: 1h20min(+214m)
Col de Chésery(1992m)) – 세서리 산장(Refuge de Chésery, 1972m)
: 20min(-20m)

거리 : 약 12km / 시간 : 4h30
등행고도 : +1040m / 하행고도 : -876m

레 마트에서 세서리 산장에 이르는 이 구간은 전날 레 마트 언덕에 오르는 긴 오르막 같은 힘든 구간은 없고 대체로 긴 산허리와 능선길이 완만하게 이어지는 수월한 길이다. 이 때문에 체력이 된다면 곧장 다음 구간으로 이동해 하루 일정을 단축할 수도 있다. 그래도 차츰 알프스의 품속으로 깊이 들어가는 느낌을 즐기며 여유있게 걷는 것도 좋을 것 같다.
차량으로도 접근이 가능한 바사쇼 고갯마루의 전망이 시원해 잠시 쉬어가 볼만 하며 프랑스와 스위스의 국경인 세서리 고개를 넘어 스위스 알프스의 품에 잠시나마 안겨볼 수 있는 구간이다.

  레 마트 언덕의 초원에 홀로 서 있는 오두막 우측으로 난 길을 따라 내려간다. 잠시 후 풀밭 사이로 지그재그로 난 길을 따라 하산하면 작은 목장(Le Pron, 1741m)이 있으며 곧 산판도로에 내려선다. 이 길을 따라 오른편으로 산허리길을 굽이돌며 완만하게 오르는데, 제법 큰 목장 샬레 더 레트리(Chalets de l'Etrye, 1694m)가 있고 계속해서 오르막을 올라 산모퉁이를 돌면 아담한 목장(Lenlevay, 1733m)이 하나 있다. 뜰에는 길손을 위한 깨끗한 식수가 흐른다. 이후 길은 평탄한 능선길이 이어지다가 잡목지대에 이르러 가파른 언덕길이다. 20분 정도 오르막을 오르면 바사쇼 고개인데, 산장과 식당이 있으며 배낭여행객을 위한 쉼터도 잘 갖춰져 있다.
  길은 바사쇼 고개의 산장 우측 아래로 나 있는 산판도로를 따라 남쪽으로 이어진다. 이 일대는 산악자전거 코스가 많아 쏜살처럼 언덕길을 달리는 그들의 활강 코스와 트레커들이 걷는 코스가 간혹 겹치기도 하기에 주의할 필요가 있다. 바사쇼 고개에서 한 시간 이상 완만하게 산허리길을 돌아올라 세서리 고개(1992m)에 이르면 이제부터 스위스 땅이다. 여기서 평탄한 길을 따라 20분 걸으면 아담한 알파인 호숫가에 세서리 산장(1972m)이 있다.

3 구간

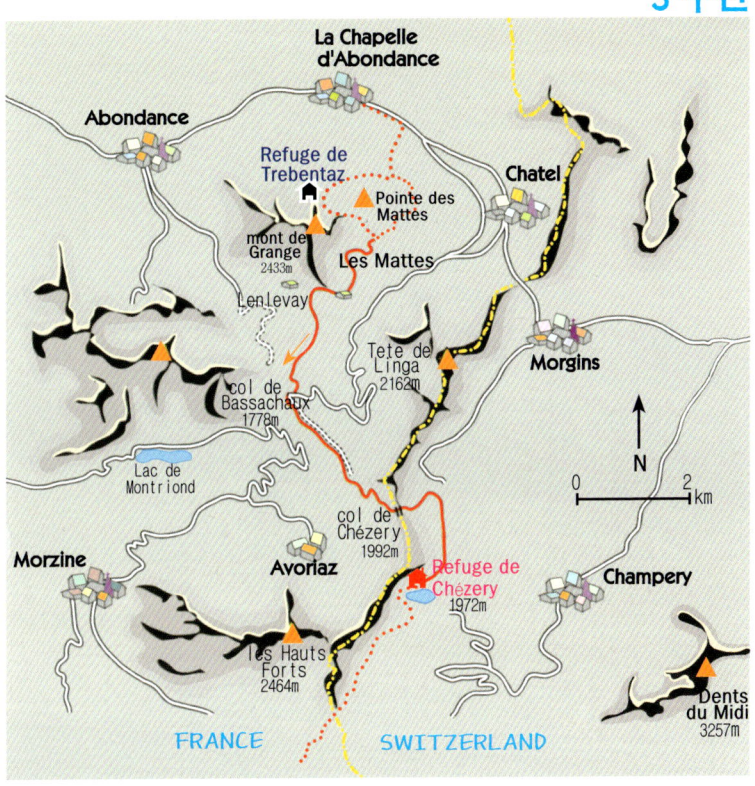

Refuge de Bassachaux(1778m) : tel. 04 50 73 31 97
Refuge de Chésery(1972m) : tel. 0041) 24 479 35 11 / 24 477 26 16

레 마트 언덕(1930m)에서 맞는 아침놀. 큰 바위장벽 당디 미디 우측 저 멀리 몽블랑 산군이 자그마하게 보인다.

평탄한 풀밭인 레 마트 언덕은 텐트는 치기 좋지만 식수가 없다.

레 마트 언덕의 목장 오두막 위에 보름달이 떴다.

레 마트 언덕(1930m)에서 길은 남쪽으로 이어진다.

한동안 내리막이 이어지고 비스듬이 오르막을 올라 산허리길을 돌아간다.
산모퉁이 너머에 목장(Lenlevay, 1733m)이 있다. 여기서 식수를 구할 수 있다.

레 마트 언덕(1930m)에서 30분 걸어내린 레 프론 앞 목장.
저 멀리 당디 미디 연봉이 솟아 있다.

한 시간 이상 산허리길을 돌면 나타나는 목장(Lenlevay, 1733m).
뜰에 깨끗한 식수가 흐른다.

목장(Lenlevay, 1733m)에서
바사쇼 고개 가는 길.

바사쇼 고개(1778m)에서
내려온 잔차맨들.

바사쇼 고개(1778m)에는 산장과 식당도 있으며 배낭여행객 쉼터도 있다.

바사쇼 고개(1778m)에서 세서리 고개(1992m)에 이르는 길은 완만하게 산허리길을 돌아오른다.

세서리 고개(Col de Chésery, 1992m) 아래, 아직은 프랑스 땅이다.

세서리 고개(Col de Chésery, 1992m), 이제부터 스위스 땅이다.

세서리 고개(1992m)에서 20분 걸으면 세서리 산장(1972m)이다.

알파인 호숫가에 위치한 아담한 세서리 산장(1972m). 스위스인과 깨끗함이 느껴지는 산장으로 노부부가 손녀들과 산장을 꾸려가고 있다. 스위스 프랑이 없으면 유로화도 가능하다.

길은 세서리 산장 앞 알파인 호수 라끄 베르트 우측으로 거슬러 오른다.

20분 소요된 뽀르뜨 더 리베르 고개(Col des Portes de l'Hiver, 2096m)에서 본 라끄 베르트 쪽으로 내려가는 산악잔차맨들.

뽀르뜨 더 리베르 고개(Col des Portes de l'Hiver, 2096m)의 풀밭에서 맞이한 아침풍경. 당디 미디가 바로 앞에 솟아 있다.

뽀르뜨 더 리베르 고개(Col des Portes de l'Hiver, 2096m)에서부터 한동안 당디 미디를 보며 걷는다.

스위스 산간마을의 풍경.

당디 미디 연봉을 등지고 뽀르뜨 더 리 베르 고개(2096m)로 오르는 트레커들.

고갯마루에서 30분 하산해 만나는 쇼 빨랑(Chaux Palin, 1843m). 잠자리와 식사도 가능하며 탈출을 원하면 챰페리(Champery)로 하산할 수도 있다.

라피자(1790m)에선 간단한 식사가 가능하다.

Col de Coux

Lapisa

목장겸 휴게소인 라피자에서는 치즈를 직접 만든다.
신선하고 저렴한 치즈를 구할 수 있는데, 500g도 판매한다.

라피자에서 꾸우 고개(Col de Coux, 1920m)로 향하면
몽 뤼앙과 당 블랑쉬를 등지고 걷게 된다.

꾸우 고개(Col de Coux, 1920m) 정상.
다시 프랑스 땅으로 돌아왔다.

며칠 전부터 GR5를 함께 걸은 영국 아가씨들. 등판에 세겨진 **LONG AND STRONG**이란 글씨가 한달간 알프스를 오르내릴 이의 다짐을 떠올리게 한다. 젊음의 도전이 아름답지 않으랴.

꾸우 고개(Col de Coux, 1920m) 하산길. 골레즈 고개(Col de la Golèse, 1662m)가 보인다.

라피자에서 구한 치즈는 포도주에 제격이었다.

꾸우 고개에서 반시간 이상 하산해 샤르도니에르 산장까지 가지 말고 좌측 옆으로 횡단해야 골레즈 고개(Col de la Golèse, 1662m)로 곧장 오를 수 있다.

골레즈 고개(Col de la Golèse, 1662m) 바로 옆 양지바른 곳에 위치한 골레즈 고개 산장. 시원한 맥주를 마시고 산악 잡지를 보며 쉬어갈 수 있다.

골레즈 고개에서 사모앙스까지 하산길은 곧장 계곡 아래로 이어진다.

사모앙스까지 두 시간 이상 지루한 하산길이 이어져 길 옆에서 쉬는 트레커.

전나무 숲에 소풍 나온 아이들이 포커놀이에 열중하고 있다.

사모앙스 윗 마을 레잘라망(Les Allamands, 1028m). 여기서 사모앙스로 하산하지 말고 좌측 산길로 길을 잡아 보잘르 산장(Refuge de la Vogealle, 1901m) 쪽으로 하루 일정을 더 잡을 수 있다. 페르 아 쉬발(Fer-à-Cheval) 계곡도 둘러볼만 하다.

꽤 규모가 큰 산간마을 사모앙스(Samoëns, 703m)에는 각종 편의시설이 갖춰져 있으며 교통도 편리하다. 스키와 트레킹을 즐기기 위해 년중 많은 이들이 찾는 휴양마을이다.

변형루트 보잘르 산장 경유

Les Allamands(1028m) - Refuge de Folly(1558m) : 2h(-31m / +561m)
Refuge de Folly(1558m) - Col des Chambres(2338m) : 3h(+780m)
Col des Chambres(2338m) - Refuge de la Vogealle(1901m) : 1h(-437m)
Refuge de la Vogealle(1901m) - Chalets du Boret(1390m) : 1h(-511m)
Chalets du Boret(1390m) - Plan des Lacs(955m) : 1h20(-435m)
Plan des Lacs(955m) - Sixt-Fer-à-Cheval(760m) : 1h15(-195m)
Sixt-Fer-à-Cheval(760m) - Salvagny(850m) : 35min(+90m)

거리 : 약 23km / 시간 : 10h
등행고도 : +1431m / 하행고도 : -1609m

레잘라망에서 사모앙스로 하산하지 말고 샴브르 고개(Col des Chambres)를 넘어 아담한 알파인 풀밭에 위치한 보잘르 산장에서 아늑한 하룻밤을 맞이하는 것도 좋다.
페르 아 쉬발(Fer-à-Cheval) 계곡은 좌우로 침봉들이 솟아 있으며 수많은 폭포가 하늘에 걸려 있다. 거대한 바위벽 중앙에서 뿜어져 내리는 폭포도 있는 등 마치 영화 쥬라기 공원에 들어선 듯한 기분이 드는 계곡이기에 하루 즈음 시간을 더 할애할 만하다.

Refuge de Folly(1558m) : tel. 04 50 90 10 91
Refuge de la Vogealle(1901m) : tel. 04 50 89 77 59 / 06 60 16 27 55
Plan des Lacs(955m) : 캠핑장 있음.
Sixt-Fer-à-Cheval (www.sixtferacheval.com) : 각종 편의시설이 있으며 대중버스를 이용할 수 있다.
Salvagny(850m) : Gîte-auberge de Salvagny : tel. 04 50 34 47 64

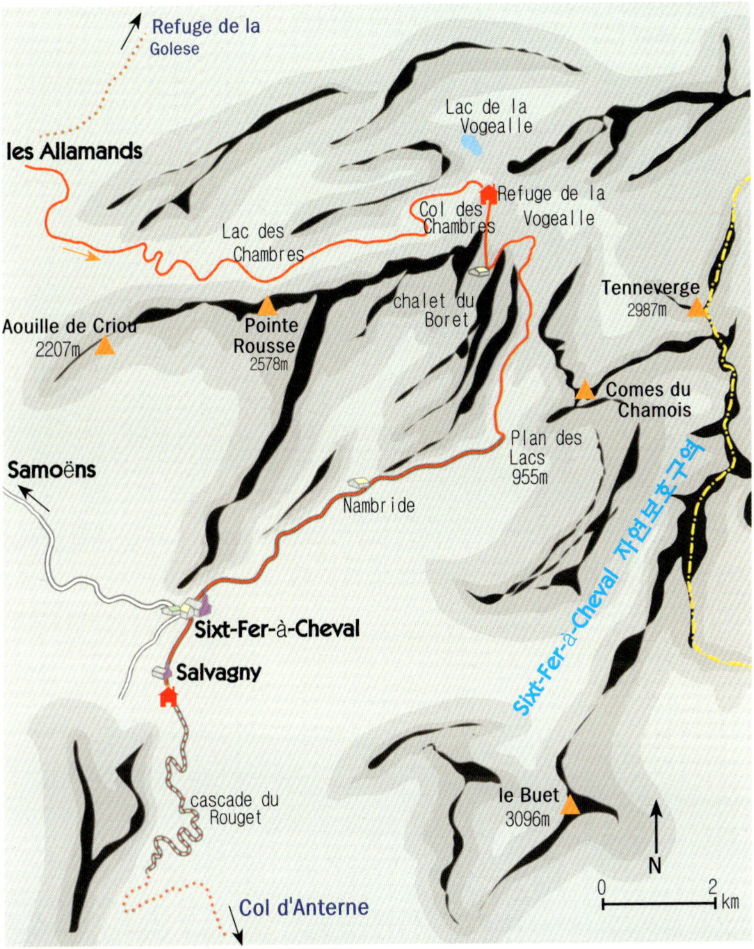

보잘르 호수   페로 아 슈발 입구

아늑한 알파인 풀밭에 위치한 보잘르 산장(Refuge de la Vogealle, 1901m). 젊은 여인 둘이 운영하는 깨끗한 산장으로서 저녁 및 아침 식사 포함 1박 요금(40유로)이 저렴한 편이다.

보잘르 산장(1901m)에서 페르 아 쉬발(Fer-à-Cheval) 계곡으로 한 시간 하산하면 휴게소 겸 목장(Chalet du Boret, 1390m)이 나타난다. 계곡으로 바로 내려가는 길과 계곡 상단으로 우회하는 길이 있는데, 상단으로 돌아내려가면 더 나은 경치를 볼 수 있다.

페르 아 쉬발(Fer-à-Cheval) 계곡. 계곡 좌우로 침봉들이 솟아 있으며 수많은 폭포가 하늘에 걸려 있다. 거대한 바위벽 중앙에서 뿜어져 내리는 폭포도 있는 등 마치 영화 쥬라기 공원에 들어선 듯한 기분이 드는 계곡이다.

5 구간   사모앙스 - 앙떼른 고개 산장

Samoëns(703m) − 석회석 협곡(Gorges des Tines, 748m) : 1h
Gorges des Tines(748m) − (Pont des Nants, 768m) : 1h
Pont des Nants(768m) − 리뇽(Le Lignon, 1180m) : 1h10
Le Lignon(1180m) − Chalets d'Anterne(1808m) : 1h30
Chalets d'Anterne(1808m) − Lac d'Anterne(2060m) : 1h 10
Lac d'Anterne(2060m) − Col d'Anterne(2257m) : 40min
Col d'Anterne(2257m) − Refuge de Moëde Anterne(1996m) : 30min

거리 : 약 23km / 시간 : 8h
등행고도 : +1800m / 하행고도 : -505m

제법 큰 산악휴양마을 사모앙스를 떠나 몽블랑 산군에 바짝 다가가는 구간이다. 한동안 마을 옆 하천을 따라 평탄한 숲길을 오르다가 빙하 녹은 급류에 석회암이 깎여 형성된 티뉴 협곡을 지난다. 철옹성 같은 바위면이 부드러운 물에 매끈하게 파인 바위 통로를 지나 계속해서 개울을 따라 오르는데, 큰 폭포들도 보며 땀을 식히며 차츰 고도를 높인다. 드디어 피즈 장벽 언저리에 들어서서 이제껏 지나온 사모앙스 쪽 계곡을 내려다보는 시원함을 뒤로 하고 곧 평탄한 초원지대를 가로지르면 앙떼른 산장이다. 아주 목가적인 아늑함이 느껴지는 이 산장에서 하룻밤 묵는 정취도 즐겨볼 만 하다. 계속해서 발걸음을 옮겨 앙떼른 호수에 이르면 거대한 바위벽을 배경으로 한 알파인 호수의 풍경에 취하고 만다. 곧 도착하는 앙떼른 고개에서 맞는 몽블랑 산군의 파노라마는 지난 며칠 간의 피로를 말끔히 씻어준다. 고개 아래에 위치한 앙떼른 고개 산장에서의 밤은 알프스에서의 또 다른 멋진 추억거리를 안겨줄 것이다.

사모앙스 마을 외곽 주도로를 따라 계곡 위쪽으로 가다가 남쪽 하천 쪽으로 난 숲길을 따라 계속해서 계곡을 따라 오른다. 하천 옆을 따라 한 시간 걸어 페레 다리(Pont du Perret, 731m)를 건너 개울 옆 숲길을 오르내리면 넓은 풀밭이 나오는데, 곧 티뉴 협곡이다. 협곡에 철사다리가 세 군데 놓여 있어 조심해서 지나 언덕을 넘으면 살바니 마을이 있는 다리(Pont des Nants, 768m)가 있다. 시간이 있으면 살바니 마을이나 식스뜨 페르 아 슈발에도 둘러볼만 하다. 이후 길은 계속 큰 개울 옆을 따라 오르는데, 아스팔트 도로를 끼고 오르다가 로제트 폭포에서 땀을 식힌다.

곧 몇 채의 오두막이 있는 리뇽 마을을 지나고부터 본격적인 산길이 시작된다. 산행입구를 알리는 안내판이 설치되어 있으며 전나무 숲 아래로 가파른 오르막이 이어진다. 반 시간 즈음 올라 건너편에 떨어지는 시원한 폭포를 보며 걷다 삼거리가 나타나는데, 왼편으로 길을 잡아야 꼴레 당떼르(Collet d'Anterne, 1796m)에 이른다. 이제껏 오른 사모앙스 쪽

5 구간

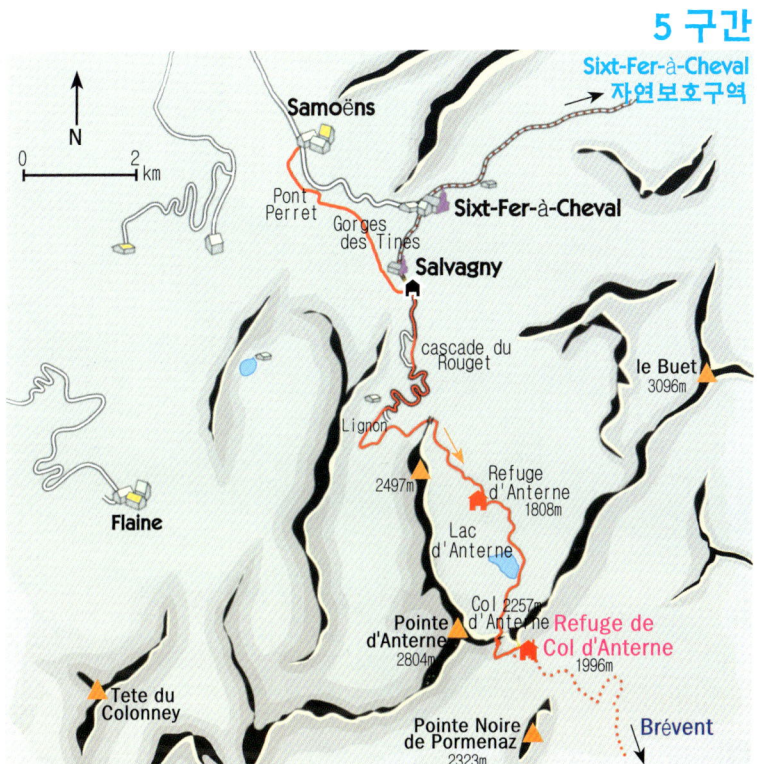

계곡이 한 눈에 들어오고 곧 넘을 앙떼른 고개 쪽도 시야에 들어온다. 이후 평탄하게 이어지는 풀밭길을 반 시간 오르면 앙떼른 산장(1808m)이다. 알파인 클럽 설립자의 이름을 빌려 알프레드 빌 산장이라고도 하는데, 알파인 정취를 느끼며 하룻밤 묵어가기 좋은 산장이다. 이어 길은 가파른 오르막이 한 시간 이어진다. 거대한 피츠 장벽을 보며 마지막 언덕을 넘으면 드넓은 풀밭 중앙에 거대한 호수가 병풍처럼 펼쳐진 바위장벽 앞에 위치해 있다. 이 호숫가에서 캠핑하는 이들도 있지만 반 시간 더 오르면 앙떼른 고갯마루(2257m)에 올라선다. 몽블랑 산군의 파노라마가 한층 더 가까이 다가와 있다. 고개에서 30분 가파른 지그재그 길을 따라 내리면 앙떼른 고개 산장(1996m)이다.

Salvagny(850m) : Gîte-auberge de Salvagny(tel. 04 50 34 47 64)
Le Chalet du Lignon(1180m) : tel. 04 50 34 99 90
Chalets d'Anterne(Refuge Alfred Wills, 1808m) : tel. 04 50 34 91 63 / 04 70 63 12 45
Refuge de Moëde Anterne(1996m) : tel. 04 50 93 60 43

사모앙스

사모앙스 마을 위 개울을 건너 숲을 끼고 흐르는 하천을 따라 반 시간 이상 걸으면 페레 다리(Pont du Perret, 731m)가 나타난다. 다리를 건너 하천 옆 숲길을 따라 오르면 틴느 계곡(Gorges des Tines)이 시작된다.

풀밭 건너편 숲속에 틴느 계곡이 있다.

틴느 계곡은 빙하 녹은 급류가 석회암반을 깎아 만든 협곡으로서 도중에 철사다리가 세 개 놓여 있어 길잃을 염려는 없다.

바위에 세겨진 길표시.
ㄱ자는 길이 꺾인다는 표시.

틴느 계곡 위에서 언덕을 내려오면 개울 옆 평탄한 풀밭이 나타나는데, 곧 다리(Pont des Nants, 760m)를 지나면 살바니(Salvagny) 마을이다.

리농 위 본격적인 산행이 시작되는 입구에 세워진 안내판.

루제트 폭포

살바니 마을에서 채 한 시간 오르지 않아 큰 길가에 루제트 폭포(Cascade du Rouget, 960m)가 있다. 폭포에서 20분 더 오르면 오두막 몇 채가 모여 있는 리농(Chalet de Lignon, 1180m)을 지나게 된다.

어린 아이들과 함께 앙떼른 호수 쪽으로 오르는 어른들이 한 짐 가득 짊어졌다.

부모와 캠핑을 가며 즐거워하는 아이들.

앙떼른 산장(1808m) 한 시간 전에 위치한 폭포. 당나귀를 끌고 트레킹하는 이들도 종종 있다.

한 시간 이상 오르막을 올라 거대한 바위장벽을 돌면 길이 평탄해진다.
좌측 상단에 앙떼른 산장이 있다.

앙떼른 산장(1808m) 아래의 개울물은 한 시간 더 걸어야 닿을 수 있는 앙떼른 호수(2060m)에서 흘러내린다.

드넓은 풀밭 한 쪽에 위치한 앙떼른 산장(1808m). 알파인 클럽의 창시자 알프레드 빌의 이름을 빌려 알프레드 빌 산장이라고도 한다.

산장에서 잠자리와 식사가 가능하다.

산장벽에 걸려 있는 이정표. GR5는 원래 암스테르담에서 시작하는 코스지만 두 달은 너무 길어 대개 레만 호수에서부터 니스까지만 걷는다. 한편 슬로베니아에서 시작해 모나코까지 이어지는 비아 알피나 코스도 있다!

앙떼른 산장(1808m)에서 한 시간 이상 오르면 앙떼른 호수(2060m)에 닿는다.

오후의 햇살을 받은 앙떼른 호수(2060m).

앙떼른 호수 오르막

앙떼른 호수(2060m)를 등지고 앙떼른 고개(Col d'Anterne, 2257m)로 오른다.

앙떼른 호수(2060m)에서 반 시간 이상 올라
앙떼른 고개(Col d'Anterne, 2257m)에 서면
몽블랑 산군의 파노라마가 펼쳐져 있다.

앙떼른 고개 아래의 오르막.

앙떼른 고개(Col d'Anterne, 2257m)에서 반 시간 걸어내리면 앙떼른 고개 산장(Refuge du Col d'Anterne, 2000m)이다.

6 구간 앙떼른 고개 산장 - 벨라샤 산장

Refuge de Moëde Anterne(1996m - 아를레브 다리(Pont d'Arlevé, 1597m : 45min(-407m)
Pont d'Arlevé(1597m) - 브레방 고개(Col du Brévent, 2368m) : 2h15(+771m)
Col du Brévent(2368m) - 브레방 정상(Brévent, 2525m) : 1h(157m)
Brévent(2525m) - 벨라샤 산장(Refuge de Bellachat, 2136m) : 40min(-389m)

거리 : 약 15km / 시간 : 4h40
등행고도 : +929m / 하행고도 : -778m

이 구간에서는 알프스 최고봉 몽블랑의 웅장함을 가장 가까이에서 조망하며 걸을 수 있다. 아를레브 다리에서 브레방 정상까지 약 1000미터 고도를 높여야 하는 오르막을 두 시간 이상 걷는 힘든 구간이지만 그만한 대가는 충분하다. 하지만 날씨가 좋지 않다면 이 구간은 피하는 게 좋다. 바람이 많이 부는 언덕이라 하여 이름지어진 브레방인지라 비바람이 몰아칠 때는 제법 매섭고 위험하기까지 하다. 한여름에도 2000미터 지대에 눈이 내릴 수도 있고 브레방 주변 가파른 돌길에 살얼음이 어는 경우도 많다. 이런 나쁜 날씨에는 세보즈(Servoz, 816m)로 하산해 다음 구간인 우쉬로 버스나 열차, 혹은 도보로 이동하면 된다. 일단 브레방으로 출발해 상황이 여의치 않다면 브레방 전망대에서 케이블카를 이용해 샤모니로 하산할 수도 있다.

앙떼른 고개 산장에서 평탄하고 뚜렷한 길을 따라 동쪽 계곡으로 내려가는데, 반 시간 후 계곡 바닥에 가까워지면 나무들의 키가 커진다. 제법 큰 개울 위에 놓인 아를레브 다리(1597m)를 건너면 본격적인 오르막이 시작된다. 키를 넘는 잡목과 마가목 나무들 사이로 길이 이어지다가 오래 전에 목동들이 이용한 허물어진 돌집을 지나면 나무가 없어지고 깨끗한 물이 흐르는 작은 개울들을 지나 본격적으로 지그재그 오르막이 이어진다. 2시간 이상 오르막을 올라 브레방 고개(2368m)에 서면 몽블랑이 성큼 다가와 있다. 삼거리인 여기서 날씨가 나쁘다거나 눈이 내려 이후 돌길에 얼음이 어는 경우에는 쁠랑프라(Planpraz, 2000m)를 경유해 샤모니로 하산할 수 있다.

GR5는 케른이 서 있는 브레방 고개에서 남서로 이어지는 작은 언덕을 넘으면 온통 돌밭인 알파인 지대에 들어서는데, 길은 바위벽들 사이로 오르내린다. 20분 즈음 바위사면을 비스듬이 오르면 철사다리 두 개가 나타나고 그 위로 좀 더 오르막을 오르면 넓은 산판도로가 나타난다. 겨울철에 스키 슬로프로 이용하는 이 길을 따라 줄곧 오르면 브레방 정상

6 구간

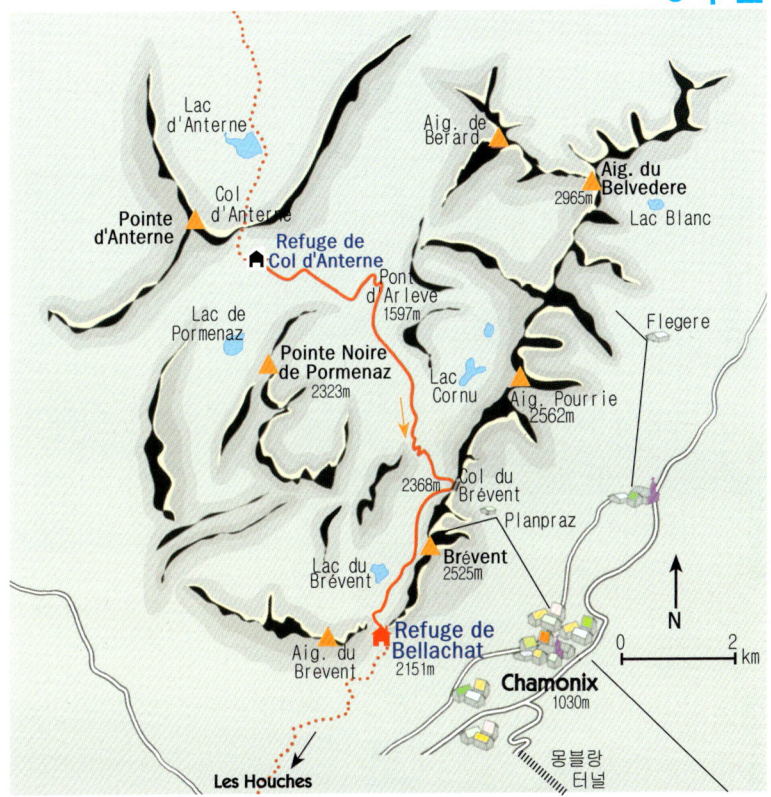

(2525m)이다. 날씨가 좋은 날이면 케이블카로 전망대에 오른 관광객들로 어수선하다. 이어 길은 전망대 서쪽 아래 돌밭길을 따라 남쪽으로 내려가는데, 돌길이라 미끄러울 수 있어 조심해야 한다. 반 시간 걸어내리면 경사가 완만해지는데, 시간적인 여유가 있다면 오른편 아래로 내려가 브레방 호수를 둘러보는 것도 좋다. 호수로 내려가는 삼거리에서 곧장 가면 전망 좋은 능선 위로 길이 나 있다. 줄곧 몽블랑과 그 아래를 흐르는 빙하들을 보며 20분 더 걸어내리면 벨라샤 산장(2152m)이 나타난다. 산장 뜰에서 하루의 산행을 마치며 맞는 몽블랑의 저녁놀도 좋은 추억이 될 것이다. 시간적인 여유가 있다면 벨라샤 고개와 에귀 우쉬 쪽 언덕도 둘러볼 만하다. 한두 시간이면 여유있게 둘러볼 수 있다.

Refuge de Bellachat(2136m) : tel. 04 50 53 43 23
Chamonix(www.chamonix.com) : 각종 편의시설 갖춰져 있음.

모데(Moëde)-앙떼른 산장이라고도 부르는 앙떼른 고개 산장(Refuge du Col d'Anterne, 2000m). 조석식 포함 1박 요금 48유로.

앙떼른 고개 산장 아래의 이정표와 젖소들. 앙떼른 고개가 보인다.

아를레브 다리로 하산하는 트레커들 뒤로 피츠 장벽이 펼쳐져 있으며 앙떼른 고개 산장도 보인다.

아를레브 다리(1597m)로 하산하는 트레커들.
산장에서 계곡 바닥까지 내려가는데 45분 걸린다.

아를레브 다리(1597m)를 지나 브레방 고개(2368m)까지
오르막을 2시간 이상 올라야 한다.

브레방 고개(2368m)로 오르는 이들 뒤로 저 멀리 피츠 장벽이 펼쳐져 있으며 오른편 아래에 앙떼른 고개가 보이며 그 아래에 앙떼른 고개 산장이 있다.

브레방 고개(2368m)에 서면 몽블랑과 주변 봉우리들이 성큼 다가와 있다.

브레방 고개(2368m)에서 돌이 많은 지대를 거쳐 작은 철사다리를 지나면 브레방 정상(2525m)으로 이어진다.

브레방에서는 몽블랑 및 주변 봉우리들과 그 아래로 흐르는 빙하들을 가장 가까이에서 조망할 수 있다. 보송 빙하는 몽블랑 정상에서 샤모니 계곡으로 곧장 흘러내리는 알프스에서 가장 표고차가 큰 빙하인데, 브레방에서 한눈에 내려다 볼 수 있다.

브레방으로 오르는 알프스 아가씨 트레커들. 벨라샤 산장(2151m)까지 45분 걸리는데, 시간적 여유가 있으며 우측 아래에 보이는 브레방 호수에도 둘러볼만 하다.

벨라샤 산장 위 풀밭에서 몽블랑 산군의 파노라마를
즐기는 트레커들. 이들은 여기서 하룻밤 캠핑을 했다.

브레방에서 벨라샤 산장 가는 길.
길 끄트머리 언덕 너머에 산장이 있다.

벨라샤 산장

벨라샤 산장(2151m). 자그마한 개인 소유의 산장으로 몽블랑 쪽 전망이 좋아 인기있는 산장이다.

어린이들도 즐겨 찾는 베라샤 산장에서 우쉬로 하산하고 있다. 계속 내리막이다.

좌측 위에 에귀 데 구테(3863m)가 보이는 우쉬 중심가의 교회 주변. 여기서 길을 따라 10분 가면 벨뷔행 케이블카 역이 있고 조금 더 가면 보자 고개(Col de Voza, 1653m)로 오르는 러 푸이이(Le Fouilly, 1010m)가 있다.

우쉬 관광정보센터 앞 거리. 알프스 트레킹 중 각 마을의 관광정보센터나 주민들에게 궁금한 사항들을 물으면 친절하게 알려준다.

우쉬 마을 외곽 버스 종점 한 정거장 아래의 러 푸이이(Le Fouilly, 1010m)에서 보자 고개(Col de Voza, 1653m) 쪽으로 오른다.

러 푸이이에서 조금만 올라도 우쉬가 한눈에 보인다.

우쉬에서 한 시간 반 이상 오르면 보자 고개(Col de Voza, 1653m)에 이른다.

보자 고개(1653m)에서 벨뷰를 거쳐 비오나세이 빙하 쪽으로 산허리길을 돌아간다.

트리코 고개 아래에서는 비오나세이 빙하와 만년설산들을 가까이 볼 수 있다.

비오나세이 빙하에서 흘러내리는 급류 위에 출렁다리가 설치되어 있다.

트리코 고개(2120m)에서 미아즈는 곧장 내려다보이지만 한 시간은 족히 걸린다.

미아즈 빙하 아래 미아즈 마을은 알파인 풀밭의 목가적인 삶을 엿볼 수 있는 곳이다. 오래된 목장을 개조한 산장과 알파인 별장(알빠즈)들 등이 들어서 10여 년 전에 비해 집들이 훨씬 많아졌다. 트레커들이 묵는 산장은 마을 중앙에 있다. 미아즈 산장(Refuge de Miage, 1559m) : tel. 04 50 93 22 91
마을을 지나 개울가 풀밭에 캠프지가 있다.

미아즈 산장

캠프지

미아즈 산장 뒤로 트리코 고개가 보인다.

8 구간   미아즈 - 본옴므 산장

미아즈(Miage, 1550m) – Truc(1730m) : 30min(+180m)
Truc(1730m) – Les Contamines(1167m) : 1h(-563m)
Les Contamines – Notre Dame de la Gorge(1210m) : 1h(+43m)
N.D de la Gorge – 낭 보랑(Nant Borrant, 1459m) : 40min(+249m)
Nant Borrant(1459m) – Refuge de la Balme(1706m) : 50min(+247m)
Refuge de la Balme(1706m) – Col du Bonhomme(2329m) : 2h20
Col du Bonhomme(2329m)–크로와 본옴므 고개(Col de la Croix Bonhomme, 2483m) : 1h

거리 : 약 18km / 시간 : 7h
등행고도 : +1436m / 하행고도 : -553m

전망이 트이는 트리끄 산장 주변에서 보이는 돔 더 미아즈와 에귀 더 비오나세이의 위용이 멋지다. 한편 몽블랑 산군 서쪽 끝자락에 위치한 꽁따민느도 샤모니와 우쉬 못지않게 휴양지로 유명해 온갖 편의시설뿐 아니라 스포츠와 레저를 즐길 수 있어 쉬어갈 만하다. 유서 깊은 성당 노트르담 더 라 고르쥬에 들러보고 꽁브 느와르 폭포에서 땀을 식혀도 좋다. 낭 보랑 산장 위 발므 산장 아래까지는 알프스 산간의 목가적 정취가 느껴지는 목장 사이로 길이 나 있다. 긴 2000미터 이상의 알파인 지대를 걷는 구간이라 출발에 앞서 장비나 행동식 등을 확인할 필요가 있다. 특히 시즌 초에는 고갯마루 주변에 눈이 많아 길찾기에 주의해야 한다.

미아즈에서 오르막을 20분 오르면 넓은 풀밭이 나오는데, 잠시 후 트리끄 산장이다. 아늑한 미아즈와 달리 시야가 툭 트인 곳이다. 왔던 길을 돌아보면 돔 더 미아즈와 에귀 더 비오나세이가 우뚝 솟아 있다. 이후 남서쪽으로 꽁따민느까지 완만하게 하산길이 이어지는데, 도중에 삼거리가 나타난다. 여기서 왼쪽 길을 따라 산허리를 오르면 트레-라-떼뜨 언덕으로 가게 된다. 트레-라-떼뜨 산장을 거쳐 낭보랑 산장으로 갈 수 있지만 힘들고 시간도 많이 걸린다.

삼거리에서 계속 완만한 길을 내려가면 라 프라쓰(La Frasse, 1263m)의 주차장이 나타나는데, 왼편에 공중화장실과 분수대가 있다. 오랜 농가도 지나 반 시간 더 길을 따르면 꽁따민느 중심가의 교회가 있다. 각종 편의시설이 갖춰져 있는 꽁따민느에서 간식 등 부족한 물품을 구입해야 한다. 마을 중심가를 벗어나 남쪽으로 계곡을 따라 오르면 숲 사이로 각종 스포츠 및 놀이 시설들이 있으며 한 시간 만에 노트르담 더 라 고르쥬 성당이 나온다. 산골의 성당도 둘러보고 뜰에서 종종 전시하는 사진이나 조각을 감상하는 즐거움도 놓칠 수 없다. 이후 길은 조금 가팔라지다가 낭 보랑 산장 위에서 다시 완만해진다. 발므 산장까지 드넓은 길이 펼쳐져 있어 느긋하게 걸을 수 있다.

발므 산장에서 5분도 오르지 않아 산판도로에서 벗어나 왼편 오솔길로 지그재그 돌길을 반 시간 이상 올라가면 개울가 삼거리가 나타난다. 조베 평원인데, 나무다리를 건너 조베 호수로 가는 대신 오른편 길을 따라 한 시간 더 오르면 본옴므 고개다. 고갯마루에 작은 나무 대피소가 하나 있다. 동쪽으로 이어진 산허리길을 따라 돌길을 한 시간 걸으면 크로와 본옴므 고개다. 고개 남쪽 아래에 본옴므 산장(2440m)이 있다.

8 구간

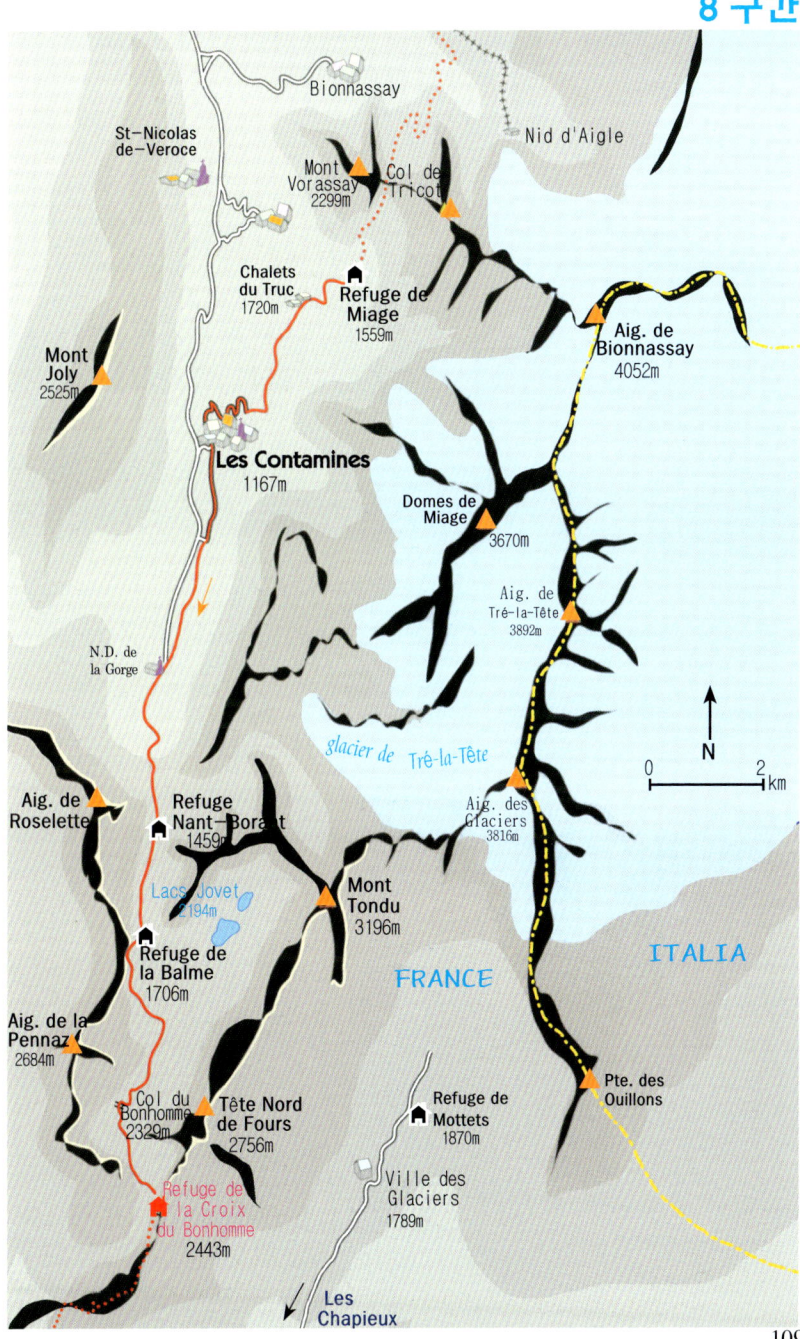

트리코 고개가 보이는 미아즈에서 길은 왼편 오르막으로 이어진다.

트리코 고개

트리끄 산장(Refuge de Truc, 1720m) : tel. 04 50 93 12 48
Les Contamines(1167m) : 각종 편의시설 있음.
낭 보랑 산장(Refuge de Nant-Borrant, 1459m) : tel. 04 50 47 03 57(refugenantborrant@free.fr)
발므 산장(Refuge de la Balme, 1706m) : tel. 04 50 47 03 54 / 17 05
Refuge de la Croix du Bonhomme(2440m) : tel. 04 79 07 05 28(refuge-bonhomme@free.fr)

미아즈에서 언덕을 20분 오르면 평지가 나오며 뒤로 미아즈 빙하가 펼쳐져 있다. 오른편이 돔 더 미아즈(3670m)이고 왼편은 에귀 더 비오나세이(4052m)다.

아침 햇살에 빛나는 몽 졸리(2525m)를 앞에 두고 야생 라벤다가 피어있는 목장 길을 따라가면 트리끄 산장(1720m)이다.

트리끄 산장

우쉬 못지 않는 산악휴양지 꽁따민느의 교회.

꽁따민느에서 계곡을 따라 한 시간 오
르면 개울 건너에 있는 노트르담 더 라
고르쥬 성당에도 들러볼 만하다.

노트르담 더 라 고르쥬에서 오른막을
올라 땀이 날 때 즈음, 꽁브 느와르
폭포가 시원하게 반겨준다.

꽁브 느와르 폭포

폭포에서 얼마 오르지 않아 낭 보랑 산장이다

낭 보랑 산장에서 발므 산장 가는 길에서는 알프스의 목가적 정취를 고스란히 느낄 수 있다. 숲 너머에 있는 발므 산장이 보인다.

발므 산장(1706m). 본옴므 고개를 넘기 전에 몽블랑 일주 트레커들이 많이 이용하는 산장이다. 산장 서쪽에 무료 캠핑장도 있다.

본옴므 고개에서 내려오는 트레커들

산악마라토너가 본옴므 고개에서 발므 산장으로 내려가고 있다.

본옴므 고개 정상에는 비바람을 피할 수 있는 작은 나무 대피소가 하나 있다.

본옴므 고개로 하산하는 트레커들.
저 멀리 본옴므 고개와 대피소가 보인다.

크로와 본옴므 고개까지 산허리를 평탄하게 돌아 오른다.

본옴므 고개에서 산허리길을 한 시간 돌아 오르면 크로와 본옴므 고개에 이른다. 크로와 본옴므 고개 정상에 돌탑이 세워져 있다. 몽블랑 산군 남서 끝자락에 와 있는 셈인데, 이곳을 기점으로 방향을 남쪽으로 돌려 몽블랑 일주 코스와 헤어진다.

크로와 본옴므 고개에서 백여 미터 아래에 본옴므 산장이 있다. 산장 옆에 식수가 흐르고 산장 위 풀밭에서 캠핑도 가능하다.

9 구간 본옴므 산장 - 발므 산장

Refuge de la Croix du Bonhomme(2329m) − 소스 고개(Col de la Sauce, 2307m) : 1h20(−231m / +95m)
Col de la Sauce(2307m) − 쁠랑 더라 레 산장(Refuge du Plan de la Lai, 1818m) : 1h15(−489m)
Refuge du Plan de la Lai(1818m) − 브레송 고개(Col du Bresson, 2469m) : 3h40(−74m / +725m)
Col du Bresson(2469m) − 발므 산장(Refuge de la Balme, 2009m) : 1h(−460m)

거리 : 약 19km / 시간 : 7h20
등행고도 : +820m / 하행고도 : −1254m

지난 며칠 전부터 브레방 고개에서 몽블랑 일주 코스와 함께 하던 GR5는 본옴므 산장에서 갈라져 남쪽으로 방향을 튼다. 소스 고개로 이어진 능선길이 장쾌해 주변풍광을 즐기며 천천히 걷고 싶을 정도다. 쁠랑 더라 레를 지나 로즐랑 호수 위의 산허리길은 한동안 진창길이 이어진다. 이후 브레송 고개로 오르는 길이 지루한 오르막일 수 있지만 그것도 잠시 고갯마루에서부터 펼쳐지는 새로운 풍광에 매료되어 발므 산장까지의 하산길은 새로움에 대한 기대로 발걸음이 가벼울 것이다.

크로와 본옴므 산장에서 GR5는 몽블랑 일주 코스와 헤어져 산장 앞에 나 있는 능선 위를 따라 남쪽으로 향한다. 소스 고개(2307m) 가는 능선길은 눈이 내린 다음이나 강풍 등 날씨가 좋지 않을 경우에는 위험하기에 본옴므 산장에서 몽블랑 일주코스 중 하나인 샤피유 마을로 내려가 쁠랑 더라 레(1822m)로 도로를 따라가면 된다. 전망이 툭 트인 소스 고개로 내려가는 능선길은 좁고 미끄러울 수 있어 주의해야 하지만 멋진 풍광을 즐기기 위해서라도 천천히 걷고 싶은 구간이다.

소스 고개에서 반 시간 풀밭을 걸어내리면 작은 목장(Chalet Bel-Air, 2145m)이 나타난다. 목장에서 풀밭길을 반 시간 이상 걸으면 쁠랑 더라 레(1822m)인데, 산장겸 식당이 두 군데 있다. 부르 생-모리스에서 보포르로 넘어가는 고개 아래의 아스팔트 도로를 건너 10분 오르면 아담한 산장(Gite d Alpage de Plan Mya)이 하나 있다. 도로에 인접한 산장에 비해 조용하다. 여기서 반 시간 이상 오르면 쁘띠 베르즈(La Petite Berge, 2070m) 언덕인데, 이후 진흙길이 이어져 군데군데 나무통로가 설치되어 있다.

한동안 산허리길을 돌아오르면 그랑드 베르즈(La Grande Berge, 2060m)인데, 길 옆 언덕에 오르면 좀 전에 지나온 산허리길과 인공으

9 구간

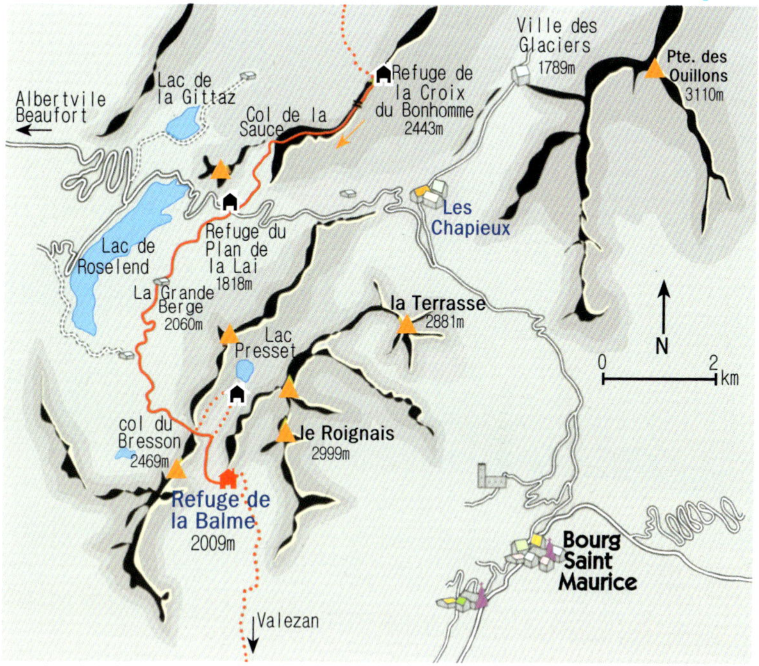

로 만든 로즐랑 호수(Lac de Roseland)가 한눈에 보인다. 계속해서 산허리를 돌아 허물어진 오두막을 지나 계곡으로 내려가다 다시 오르막이 이어진다. 산판도로에서 벗어나 브레송 고개(Col du Bresson, 2469m) 오름길은 온통 돌밭이다. 브레송 고개에서 시간이 된다면 좌측 산허리길로 횡단해 프러세 산장(Refuge de Presset, 2514m)에 들렀다가 발므 산장(Refuge de la Balme, 2009m)으로 하산해도 좋다. 브레송 고개에서 발므 산장까지 한 시간 이상 하산해야 한다.

**쁠랑 더라 레 산장(Refuge du Plan de la Lai, 1818m) : tel. 04 79 89 07 78 / 04 79 38 72 25
Refuge de Presset(2514m) : tel. 06 87 54 09 18 (refugedepresset@ffcam.fr)
Refuge de la Balme(2009m) : tel. 04 79 09 70 62 (www.refuge-balme-tarentaise.fr)**

크로와 본옴므 산장. 전망 좋은 2000미터 이상 고지에 위치해 있어 하룻밤 묵기 좋은 산장이며, 저녁 놀이 멋진 날 양초를 켠 식사시간이 운치있다. GR5 코스는 여기서부터 몽블랑 산군에서 벗어난다. 산장 앞에 나 있는 능선 위를 따라 남쪽으로 향한다.

소스 고개(2307m) 가는 능선길. 눈이 내린 다음이나 강풍 등 날씨가 좋지 않을 경우에는 위험한 길이라 본옴므 산장에서 몽블랑 일주코스 중 하나인 사피유 마을로 내려가 뽈랑 더라 레(1822m)로 도로를 따라가면 된다.

소스 고개

소스 고개로 내려가는, 전망이 탁 트인 능선길은 좁고 미끄러울 수 있어 주의해야 한다.

소스 고개(2307m)

소스 고개에서 반 시간 풀밭을 걸어
내리면 작은 목장(Chalet Bel-Air,
2145m)이 나타난다.

목장에서 조금 내려오다 뽈랑 데 라 레
(1822m) 쪽으로 본 풍경. 45분 걸리는
데, 산장겸 식당이 두 군데 있다.

소스 고개에서 쁠랑 더라 레로 하산하는 트레커.

쁠랑 더라 레 산장

부르 생-모리스에서 보포르로 넘어가는 고개 아래의 쁠랑 더라 레(1822m)에는 새로 짓는 산장 외에도 두 곳 더 있다.

GR5는 쁠랑 더 라 레(1822m)에서 도로를 건너 다시 산으로 오른다.

쁠랑 더 라 레 도로에서 10분 오르면 만나는 아담한 산장(Gîte d'Alpage de Plan Mya)에서 손을 흔들던 프랑스 트레커가 금새 뒤따라왔다. 그는 이후 삼일간 함께 걸었다.

프띠 베르즈(La Petite Berge, 2070m) 이후 진흙길이 이어져 군데군데 나무 통로가 설치되어 있다.

그랑드 베르즈(La Grande Berge, 2060m) 옆 언덕에 오르면 좀 전에 지나온 산허리길과 인공으로 만든 로즐랑 호수(Lac de Roseland)가 한 눈에 보인다.

그랑드 베르즈(La Grande Berge, 2060m)에서도 몽블랑 산군이 보인다.

그랑드 베르즈(La Grande Berge, 2060m)에서 산허리 길을 돌면서 본 로즐랑 호수(Lac de Roseland) 건너편 보포르 쪽 풍경이다. 치즈가 유명하다.

트레커들은 종종 전기가 통하는
울타리를 조심해서 통과해야 한다.

며칠 간 함께 걸은 프랑스 트레커들.
한 명은 산장, 한 명은 텐트를 이용하며 걸었다.
언제 또 만나겠지 싶어 이름이나 연락처도 묻지
않았는데, 다시는 보지 못했다.

브레송 고개로 오르며 뒤돌아보니 로즐랑 호수 우측으로 지나온 길이 보인다.
브레송 고개 오름길은 온통 돌밭이다.

브레송 고개 정상(2469m). 오른편 고개 아래로 곧장 하산할 수도 있으며 좌측으로 횡단해 20분 걸어 프레세 산장(Refuge de Presset)에도 들러볼 만하다.

브레송 고개(Col du Bresson, 2469m)에서 발므 산장(Refuge de la Balme, 2009m)까지 한 시간 이상 하산해야 한다.

브레송 고개(Col du Bresson, 2469m) 아래는 맑은 개울이 흐르고 몇몇 평탄한 풀밭도 있다.

모퉁이를 좌측으로 돌아 10분 하산하면 발므 산장(Refuge de la Balme, 2009m)이 나타난다.

브레송 고개(Col du Bresson, 2469m)에서 발므 산장(Refuge de la Balme, 2009m) 가는 길, 개울가에 양철지붕이 덮인 작은 오두막이 있다.

하룻밤 묵기 좋은 양철지붕 오두막 앞에서 만난 프랑스 트레커들. 이들은 보름 전부터 걸었는데, 앞으로 일주일 더 걸을 계획이라 했다.

발므 산장(Refuge de la Balme, 2009m)

발므 산장(Refuge de la Balme, 2009m)

발므 산장(2009m) 아래의 넓은 비포장길을 따라 반 시간 걸어내려 좌측 허리길로 들어선다. 이후 전나무 숲에 들어서서 계속해서 산허리를 돌아 하산하면 몇몇 오두막을 지나게 된다.

발므 산장

발므 산장에서 한 시간 이상 내려온 목초지에 있는 오두막들. 계곡 건너편 중앙에 다음날 넘어야 하는 고개(Col du Palet, 2652m)가 보인다.

Les Fours(1550m) 마을의 교회

농가의 개들

발러장(Valezan, 1240m) 마을의 골목길. 소박한 알프스의 산간마을로서 골목 모퉁이마다 길표시가 되어 있다. 여기서 30분 걸어내리면 벨랑트르 (Bellentre, 773m) 마을이다.

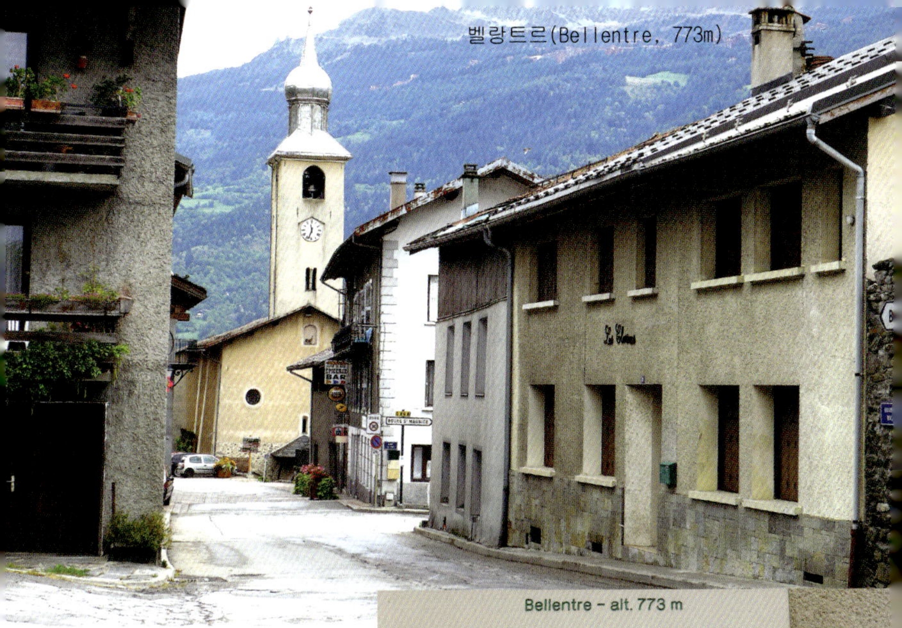
BOURG S^T MAURICE

벨랑트르(Bellentre, 773m)

벨랑트르(773m) 마을에서 10분 걸어내리면 다리(Pont de Bellentre, 719m)가 있고 다리를 건너자마자 오르막 숲길로 접어들어 몽또흘랑으로 오른다.

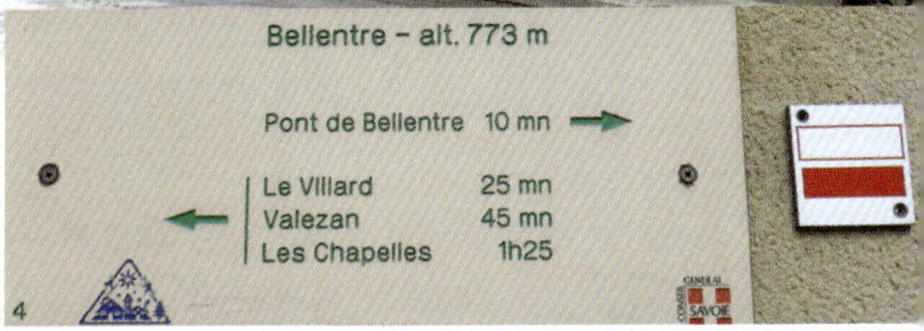
Bellentre - alt. 773 m
Pont de Bellentre 10 mn
Le Villard 25 mn
Valezan 45 mn
Les Chapelles 1h25
4
SAVOIE

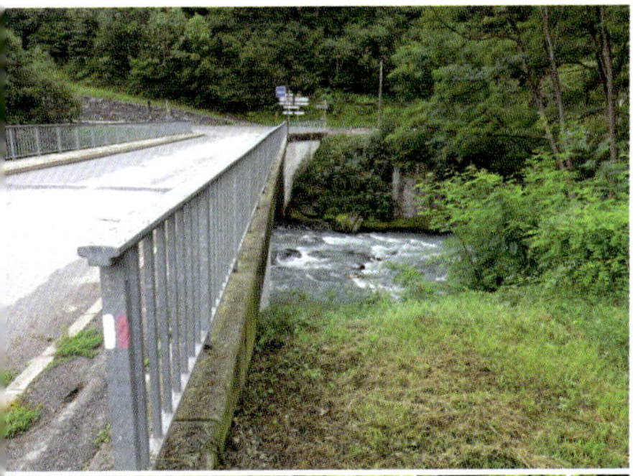

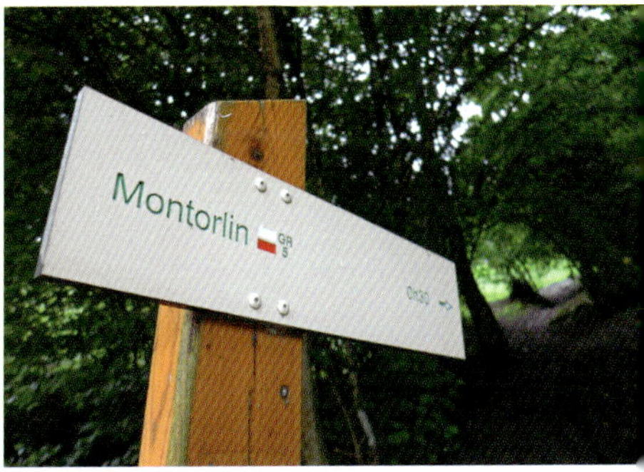
Montorlin
GR 5
0h30

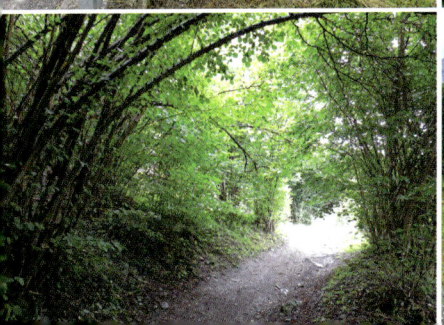

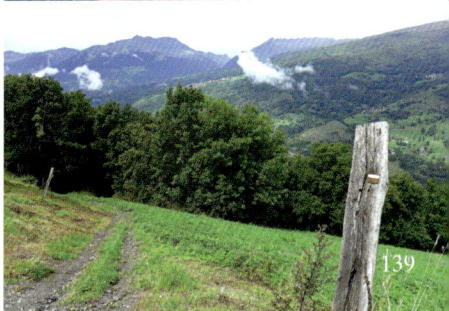

벨랑트르 다리에서 한 시간 숲속을 오르면 몽또흘랑(Montorlin, 1090m) 마을이다.

몽또흘랑에서 십여 분 오르면 몽샤방(Montchavin, 1200m)인데, 제법 큰 산악휴양지로서 각종 편의시설들이 갖춰져 있다.

몽샤방에서 전나무 숲을 한 시간 오르내리면서 본 물랑(le Moulin, 1264m)쪽 모습. GR5는 계곡 위로 이어진다. 물랑으로 산허리를 돌아내려가는 길이 험하다.

물랑 다리

물랑 다리 위 이정표.

Refuge-porte de Rosuel 1556 m.

물랑에서 한 시간 이상 계곡을 따라 오르면 유원지가 있고 그 위로 조금 더 오르면 작은 산골마을(Les Lanches, 1520m)을 지난다. 이후 나타나는 드넓은 계곡 상단에 포르트 더 로주엘(1556m) 산장이 있다. 계곡 아래에서 여기까지 무료버스가 운행한다.

포르트 더 로주엘 산장에서 오르막 산길을 30분 올라 뒤돌아본 모습. 산장이 자그마하게 보인다.

플라뉴 목장(Chalets de la Plagne, 2100m)

포르트 더 로주엘 산장에서 한 시간 반 이상 오르면 갈림길이 나타난다. 오른쪽으로 가면 앙트르 러 락 산장(2155m)이고 왼편으로 가면 곧장 빨레 고개(Col du Palet, 2652m)로 오르게 된다. 갈림길에서 왼편으로 반시간 오르면 플라뉴 목장(Chalets de la Plagne, 2100m)이 나타난다. 목장 앞에 식수가 흐른다. 여기서 반 시간 더 오르면 앙트르 러 락 산장에서 오르는 길과 다시 만나게 된다.

앙트르 러 락 산장 (2155m)

11 구간   앙트르 러 락 산장 - 레스 산장

Refuge Entre-le Lac(2145m) – 빨레 고개 산장(Refuge du col du Palet, 2550m) : 2h(+405m)
Refuge du col du Palet(2550m) – 빨레 고개(Col du Palet, 2652m) : 15min(+m)
Col du Palet(2652m) – 발 클라레(Val Claret, 2107m) : 1h30(-545m)
Val Claret(2107m) – 레스 고개(Col de la Leisse, 2758m) : 2h40(+651m)
Col de la Leisse(2758m) – 레스 산장(Refuge de la Leisse, 2487m) : 1h20(-271m)

거리 : 약 19km / 시간 : 7h50
등행 : +1158m / 하행 : -816m

빨레 고개와 레스 두 고개를 넘는 구간으로서 바누와즈 국립공원을 관통하기에 두 고개에서 마주치는 경지 또한 빼어나다. 빨레 고개에 오르면서 사방에 펼쳐져 있는 한적한 알파인 풍경도 좋고 레스 고개를 오르면서 뒤로 펼쳐져 있는 몽블랑 산군의 파노라마도 볼만 하다. 유명 휴양지인 티뉴와 발 클라레에 각종 편의시설이 갖춰져 있어 시간여유가 있다면 쉬어가도 좋다. 여기서 발디제르를 지나 이즈랑 고개를 넘는 코스도 권할만 하다.

앙트르 러 락 산장(2155m)에서 플라뉴 호수 위로 돌아 가파른 풀밭을 오르면 플라뉴 목장(Chalets de la Plagne, 2100m)에서 곧장 오르는 길과 만난다. 곧 목장인 샬레 더 라 그라사즈가 있다. 계속해서 빨레 고개(Col du Palet, 2652m)로 오르는데, 그라딸루 호수(Lac du Grattaleu)가 반긴다. 곧 빨레 고개 바로 밑에 위치한 빨레 고개 산장(Refuge du Col du Palet, 2600m)이 나타난다. 빨레 고개는 바로 뒤에 있다.

고개에서 티뉴-발 클라레(Tignes-Val Claret)로 하산길은 수월하다. 이후 GR5는 발디제르(Val d'Isere)를 경유해 이즈랑 고개(Col de l'Isere)를 넘기도 하고 곧바로 바느와즈 국립공원을 가로지르는 레스 고개(Col de la Leisse)를 넘는 두 갈래 길이 있다. 이즈랑 고개를 넘으면 하루 더 걸리며 바느와즈 국립공원 동남쪽 외곽으로 돌아간다. 필자는 이즈랑 고개를 넘은 적이 있어 레스 고개를 넘었다.

티뉴와 발 클라레 두 마을 다 유명 휴양지로서 각종 편의시설이 갖춰져 있다. 발 클라레에서 완만한 풀밭길을 줄곧 오르는데, 여름철에는 산악

11 구간

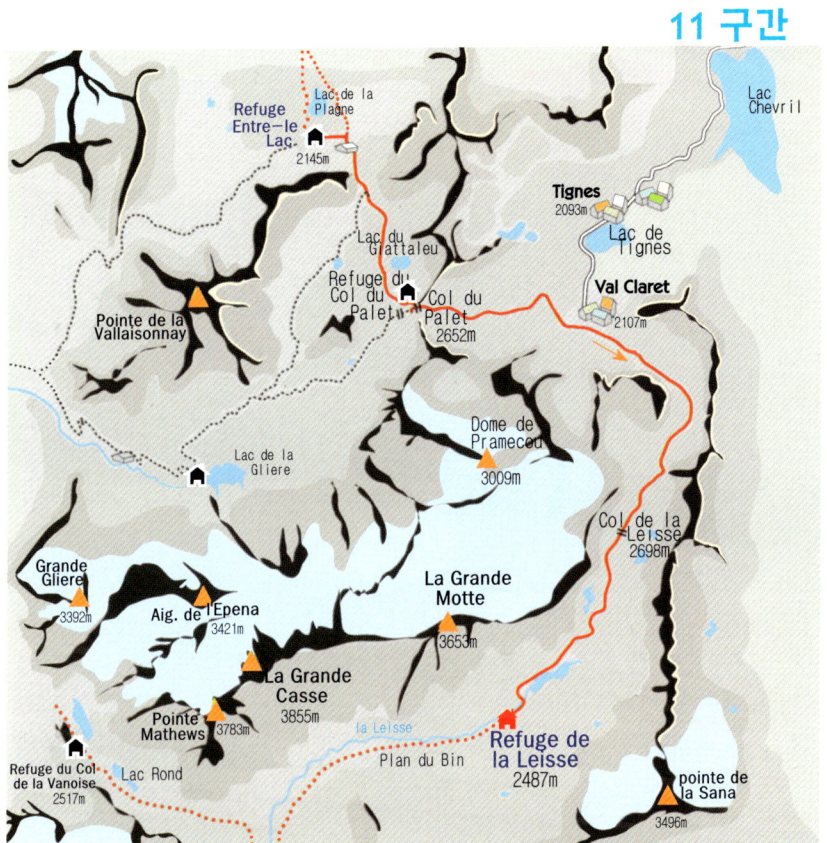

자전거 코스가 많은 사면을 거슬러 오르게 된다. 차츰 고도를 높여 황량한 알파인 지대에 이르게 되고 두 시간 반 걸려 레스 고개에 오르면 몽블랑 산군의 파노라마를 볼 수 있다. 고개 넘어 만나는 첫 호수(Lac des Nettes)를 지나 레스 산장(2487m)까지는 한 시간 반이면 닿는다. 완만한 하산길이다.

빨레 고개 산장(Refuge du col du Palet, 2550m) : tel. 04 79 07 91 47
티뉴(Tignes-le-Lac)에 캠핑장도 있으며 발 클라레(Val Claret, 2107m)에 각종 숙박시설이 있다.
레스 산장(Refuge de la Leisse, 2487m) : tel. 04 79 05 45 33 / 04 79 55 09 66

앙트르 러 락 산장

플라뉴 호수

앙트르 러 락 산장(2155m)과 플라뉴 호수가 내려다보이는 언덕에서 본 모습. 플라뉴 목장(Chalets de la Plagne, 2100m)에서 곧장 오르면 이 언덕에 닿는다. 곧 앙트르 러 락 산장에서 오르는 길과 만나게 된다. 여기에 샬레 더 라 그라사즈가 있다.

빨레 고개(Col du Palet, 2652m) 아래, 그라딸루 호수(Lac du Grattaleu).

빨레 고개 바로 밑에 위치한 빨레 고개 산장(Refuge du Col du Palet, 2600m). 며칠 전부터 만난 프랑스 트레커가 산장 앞에 텐트를 쳤다. 날이 꽤 추워 서리가 내렸다.

빨레 고개(Col du Palet, 2652m)에 오르는 트레커들.
두 미국인 트레커와 프랑스 젊은이.

빨레 고개(Col du Palet, 2652m)

빨레 고개에서 티뉴-발 클라레(Tignes-Val Claret)로 하산한다. 이후 GR5는 발 디제르(Val d'Isere)를 경유해 이즈랑 고개(Col de l'Isere)를 넘기도 하고 곧바로 바느와즈 국립공원을 가로지르는 레스 고개(Col de la Leisse)를 넘는 두 갈래 길이 있다. 이즈랑 고개를 넘으면 하루 더 걸리며 바느와즈 국립공원 동남쪽 외곽으로 돌아간다. 이즈랑 고개를 넘은 적이 있던 필자는 레스 고개를 넘었다.

남쪽에서 빨레 고개(2652m)로 오르는 트레커들.

남쪽에서 빨레 고개(2652m)로
오르는 트레커들.

바느와즈 국립공원을 외곽으로 도는 이즈랑 고개 쪽
코스는 눈덮인 봉우리 앞 계곡을 거슬러 오른다.

티뉴

발 클라레

빨레 고개에서 티뉴-발 클라레(Tignes-Val Claret)로 하산한다. 이후 GR5는 티뉴에서 발디제르(Val d'Isere)를 경유해 이즈랑 고개(Col de l'Isere)를 넘기도 하고 발 클라레에서 곧장 오른편 위로 올라 레스 고개(Col de la Leisse)를 넘는다. 발 아래의 두 마을 다 유명 휴양지로서 각종 편의시설이 갖춰져 있다.

레스 고개(2758m)에서 하산하는 트레커.

레스 고개에 오르는 트레커들 뒤로 몽블랑 산군이 펼쳐져 있다.

레스 고개 넘어 만나는 첫 호수(Lac des Nettes)

제법 고도가 높은 레스 고개(2758m)에는 한여름에도 눈이 내리는 경우가 있어 주의해야 한다.

레스 고개

레스 고개 넘어 만나는 첫 호수(Lac des Nettes)

레스 고개에서 네트 호수를 지나 레스 산장(2487m)까지는 한 시간 반이면 닿는다.

12 구간   레스 산장 - 러뽀쥐

레스 산장(Refuge de la Leisse, 2487m) – 크로에 비 다리(Pont de Croé-Vie, 2099m) : 1h20(-388m)
Pont de Croé-Vie(2099m) – 바누와즈 고개 산장(Refuge du Col de la Vanoise, 2517m) : 2h(+418m)
Col de la Vanoise(2517m) – 프라로냥 마을(Pralognan, 1418m) : 2h(-1099m)
Pralognan(1418m) – 러뽀쥐 마을(Repoju, 1711m) : 1h10(+293m)

거리 : 약 22km / 시간 : 6h30
표고차 : -1487m / +711m

바누와즈 국립공원을 관통하는 구간이라 경치가 좋다. 레스 산장 아래로 완만하게 내려가는 레스 계곡은 한적한 편이지만 계곡을 건너 다시 오르막을 올라 바누와즈 고개 주변에 이르면 많은 사람들을 만나게 된다. 그만큼 바누와즈 고개 주변의 풍광이 빼어나기 때문이다. 고개 주변에는 크고 작은 알파인 호수들이 있으며 그 너머로 침봉들과 만년설이 조화를 이루고 있다. 국립공원답게 야생동물도 심심찮게 만나게 되는데, 마모트나 산양 등을 쉽게 마주친다. 바누와즈 고개에서 두 시간 걸리는 아담한 산골 프라로냥에는 각종 편의시설이 갖춰져 있어 충분히 쉬어갈 만하다.

 레스 산장 아래로 한동안 길고 완만한 계곡이 이어진다. 제법 넓은 풀밭 플랑 뒤 벵(Plan du Bin)에서 계곡 아래로 좌측 모퉁이를 돌면 돌다리(Pont de Croé-Vie)가 나타난다. 다리를 건너 가파른 사면을 우측으로 반 시간 오르면 제1차 세계대전 전승기념비가 나오고 그 아래로 레스 산장 쪽에서 시작한 레스 계곡이 한눈에 내려다보인다. 곧 전쟁 당시에 사용했던, 폐허가 된 군용막사가 나타나고 방향을 서쪽으로 틀어 바누와즈 고개(Col de la Vanoise, 2517m)로 오른다. 고개로 오르는 길에는 크고 작은 알파인 호수들이 여럿 있다. 뒤편에도 호수들이 있다. 고갯마루 바로 옆에 산장이 있어 남녀노소 많은 트레커들이 찾는다.
 바누와즈 고개에서 반 시간 하산하면 늪지 사이로 돌징검다리가 놓여 있다. 이어 가파른 사면을 한 시간 하산하면 바르메트 산장(Refuge des Barmettes)이 나오고 차츰 전나무 숲 사이로 하산길이 이어진다. 바누와즈 고개에서 프랑로냥(Pralognan, 1418m)까지 하산에 두 시간 걸린다. 아담한 산간마을 프랑로냥에는 각종 편의시설이 갖춰져 있다. 마을 위 계곡가에 캠핑장도 있다. 프랑로냥에서 남쪽으로 이어진 계곡을 따라 한 시간 오르면 러뽀쥐 산장(Refuge du Repoju, 1711m)이다.

Refuge du Col de la Vanoise(2517m) : tel. 04 79 08 25 23
Refuge du Repoju(1711m) : tel. 04 79 08 73 79

프라로냥 마을(Pralognan, 1418m) : www.pralognan.com
제법 큰 산악마을로서 각종 편의시설들이 잘 갖춰져 있다. 마을 중앙에 슈퍼마켓 두 개가 있으며 마을 외곽 하천 상단에 캠핑장이 있다.

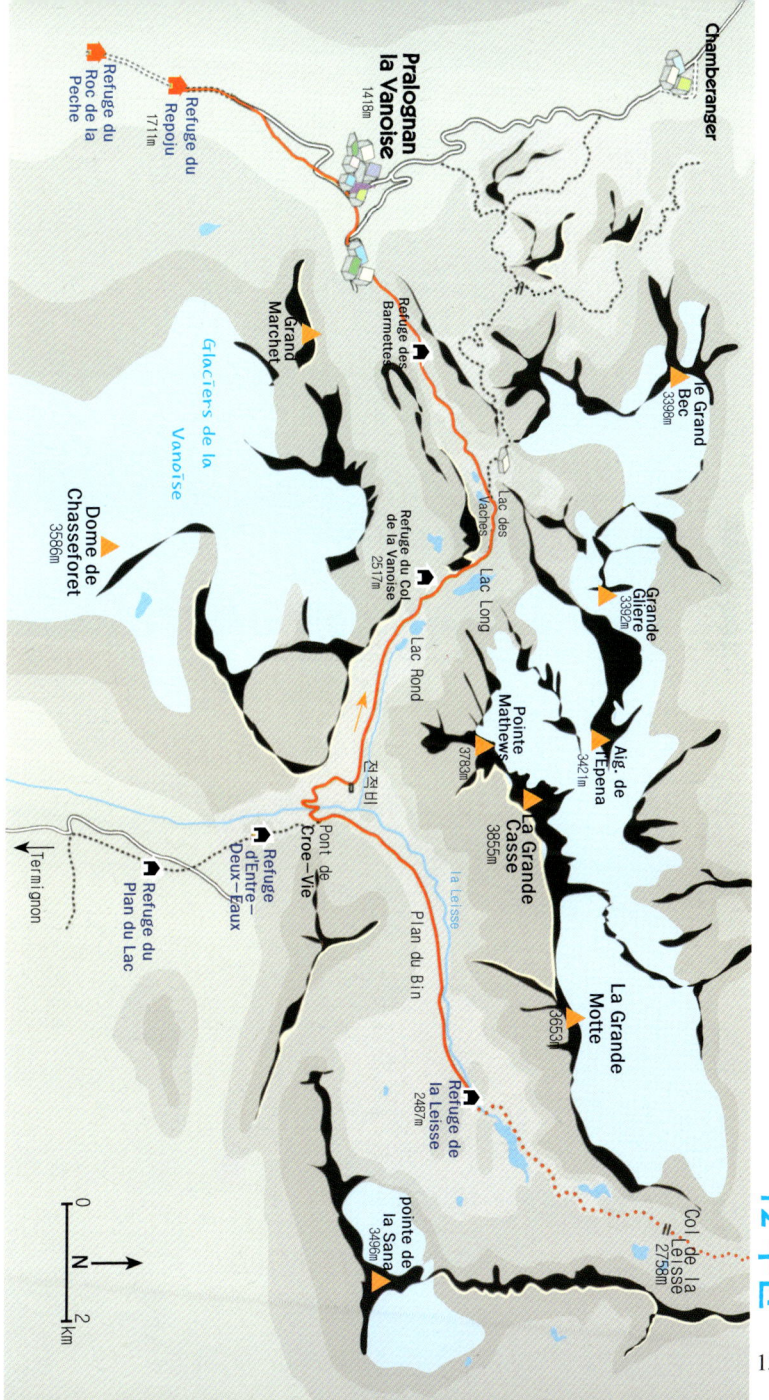

레스 산장(Refuge de la Leisse, 2487m) 아래로 길고 완만한 계곡이 이어진다.

레스 산장 아래의 평탄한 풀밭 플랑 뒤 뱅(Plan du Bin)에서
레스 산장으로 오르는 트레커.

플랑 뒤 벵(Plan du Bin)에서 레스 산장으로 오르는 트레커들. 레스 계곡 아래로 좌측 모퉁이를 돌면 돌다리(Pont de Croé-Vie)가 나타난다. 다리를 건너 우측 계곡으로 올라간다.

돌다리 (Pont de Croé-Vie)

돌다리를 건너 오르막을 반 시간 오르면 제차 세계대전 전승기념비가 나오고 그 아래로 레스 산장에서 하산한 레스 계곡이 내려다보인다.

세계대전 당시 사용한 벙커를 지나 쎄누 와즈 고개 쪽으로 오른다.

바누와즈 고개(Col de la Vanoise, 2517m)에서 하산하는 트레커.

바누와즈 고개(Col de la Vanoise, 2517m)로 오르는 길 좌우로 여러 호수들이 있다. 바누와즈 고개 쪽이 바누와즈 국립공원의 핵심이랄 수 있을 정도로 이색적인 풍광을 자랑한다. 고개 뒤편 프라로냥(Pralognan) 마을 쪽에서 많은 사람들이 더위를 피해 올라왔다.

바누와즈 고개(Col de la Vanoise, 2517m) 오르는 길.

바누와즈 고개(2517m)에서 이제껏 오른 길을 뒤돌아본 풍경.

바누와즈 고개(Col de la Vanoise, 2517m) 뒤편에도 호수가 있다. 고갯마루 바로 옆에 산장이 있어 남녀노소 많은 트레커들이 이곳에 올라온다.

롱(Long) 호수 뒤로 최고봉 그랑 까세(3855m)가 솟아 있다.

바누와즈 고개(2517m)에서 반 시간 하산해 만나는 늪지.

바누와즈 고개(2517m)에서 반 시간 하산해 만나는 늪지에서 돌아본 풍경.

프라로냥(Pralognan)으로 하산하는 이들.

프라로낭(Pralognan)에서 바르메트 산장(Refuge des Barmettes)으로 오르는 트레커.

프라로낭(Pralognan)

바누와즈 고개에서 프라로낭(Pralognan, 1418m)까지 하산에 두 시간 걸린다. 각종 편의시설이 갖춰져 있다. 마을 위 계곡가에 캠핑장도 있다.

프라로냥(Pralognan, 1418m)에서 남쪽으로 이어진 계곡을 따라 한 시간 오르면 러뽀쥐 산장(Refuge du Repoju, 1711m)이다. 조석식 포함 1박에 41유로.

13 구간 러뽀쥐 - 모단

러뽀쥐 마을(Repoju, 1711m) – 페크레 폴세 산장(Refuge de Péclet-Polset, 2474m) : 3h(+763m)
Refuge de Péclet-Polset(2474m) – 샤비에르 고개(Col de Chavière, 2796m) : 1h20(+322m)
Col de Chavière(2796m)) – 모단(Modane, 1066m) : 3h(-1730m)

거리 : 약 21km / 시간 : 8h20
표고차 : -1730m / +1085m

긴 계곡을 따라 오른 샤비에르 고개에서 맞이하는 풍광이 이 구간의 하이라이트이다. 북쪽으로는 몽블랑 산군이 남쪽으로는 곧 지나갈 에크랑 산군이 보인다. 2800미터 가까운 꽤 높은 고갯마루라 한여름에도 눈이 남아 있을 수 있고 날씨가 험하면 넘기 힘들기에 주의할 필요가 있다. 고개 가까운 곳은 온통 돌밭이다. 반면 남쪽 모단으로의 하산길은 풀밭인데, 뽈세 마을까지 이어지고 이후 전나무 숲 사이로 가파른 하산길이다. 꽤 큰 산간마을 모단에서는 각종 편의시설이 갖춰져 있고 기차역까지 있어 대도시로 바로 이동할 수 있다. GR5를 나눠 걷는다면 모단을 기점으로 하면 편리하다.

러뽀쥐 산장(Refuge du Repoju, 1711m)에서 한동안 평탄한 계곡길을 따라 오르면 갈림길이 있으며 오른편 오르막을 45분 올라 록 델라 페쉬 산장(Refuge du Roc de la Peche, 1911m)에 이른다. 이후 길은 완만하게 계곡 옆으로 이어진다. 오르는 내내 계곡 맨위에 위치한 샤비에르 고개(Col de Chaviere, 2796m)가 보이며 러뽀쥐에서 세 시간만에 뻬클레-뽈세 산장(Refuge de Péclet-Polset, 2474m)에 이른다. 산장 뒤편에 있는 알파인 호수 락 블랑에 다녀올만 하다.

샤비에르 고개(Col de Chavière, 2796m)로 오르는 도중에 작은 알파인 호수도 있으며 차츰 고도를 높이면 저 멀리 몽블랑이 보인다. 산장에서 한 시간 오르면 고개 아래 돌탑지대가 나타난다. 수많은 돌탑들을 지나 고갯마루에 서면 남쪽에 펼쳐진 에크랑 산군이 한눈에 들어온다. 고갯마루 동쪽 언덕(2800m)에 멋진 캠프지가 있다. 식수는 준비해 가거나 고개 북측 아래의 눈밭에서 눈을 떠 녹이면 된다. 이 고갯마루는 북쪽 몽블랑과 남쪽 에크랑 산군이 한눈에 보이는 최고의 전망대다.

고갯마루에서 반 시간 하산하면 갈림길(Le Grand Plannay, 2504m)이 나온다. 여기서 오른편으로 하산해야 모단(Modane, 1066m)이다. 갈림길에서 조금 하산하면 작은 목장이 있으며 샤비에르 고개에서 두 시간 이상 하산해 뽈세 마을(Hameau de Polset, 1840m)이 나타나고 이후 전나무 숲을 한 시간 반 하산하면 모단이다.

13 구간

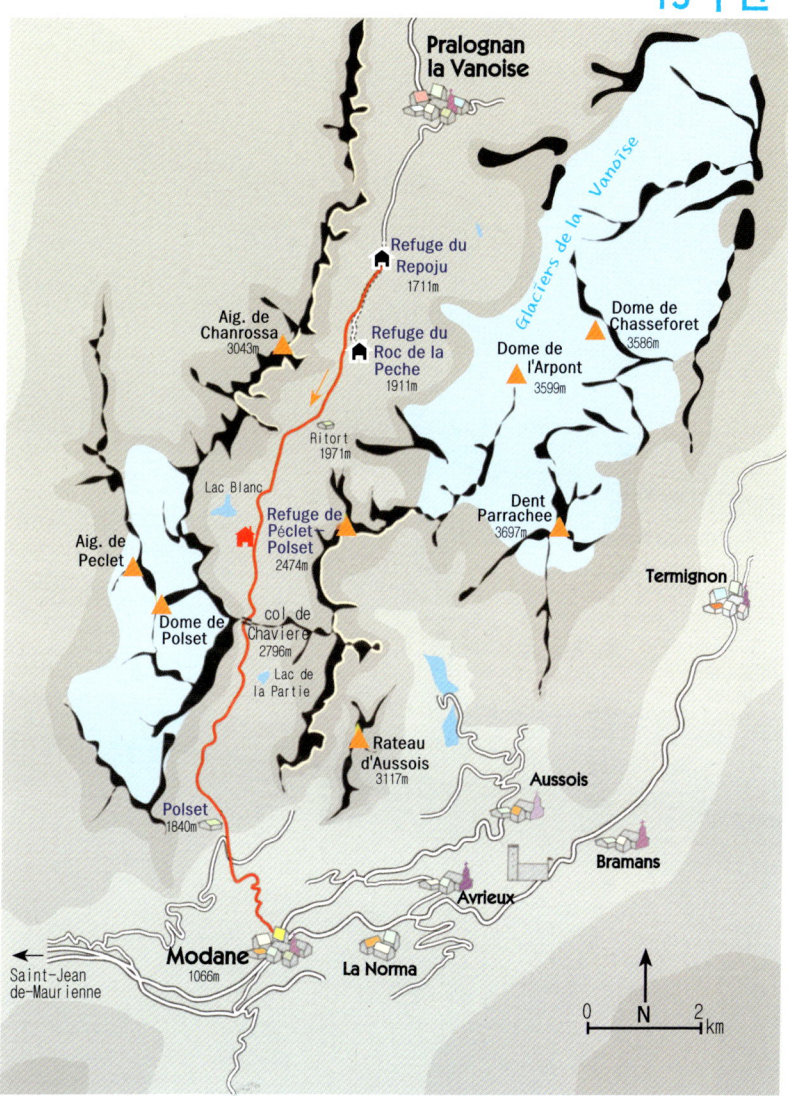

Refuge de Péclet-Polset(2474m) : tel. 04 79 08 72 13

Modane(1066m) : www.terramodana.com
제법 큰 산간도시로서 각종 편의시설들이 잘 갖춰져 있다. 파리, 제네바 등 대도시까지 열차편이 있는 기차역이 있으며 마을 외곽에 큰 슈퍼마켓이 있다. 터널만 지나면 이탈리아 땅이다.

러뽀쥐 산장(Refuge du Repoju, 1711m)에서 한동안 평탄한 계곡길을 따라 오른다.

러뽀쥐(1711m)에서 계곡을 따라 조금 오르면 갈림길이 있으며 오르막을 45분 올라 록 델라 페쉬 산장(Refuge du Roc de la Peche, 1911m)에 이른다.

Refuge du Roc de la Peche(1911m)

록 델라 페쉬 산장(Refuge du Roc de la Peche, 1911m) 이후 길은 완만하게 계곡 옆으로 이어진다.

계곡 맨위에 위치한 샤비에르 고개(Col de Chavière, 2796m)가 보이며 이 지점에서 한 시간 반 오르면 뻬클레-뽈세 산장(Refuge de Péclet-Polset, 2474m)이 있다.

바누와즈의 침봉과 빙하를 배경으로 뻬클레-뽈세 산장(Refuge de Péclet-Polset, 2474m) 아래의 언덕을 오르는 트레커.

뻬클레-뽈세 산장(Refuge de Péclet-Polset, 2474m)에 오르는 트레커들.

뻬클레-뽈세 산장(2474m), 산장 뒤편에 있는 알파인 호수 락 블랑에 다녀올 만하다.

뻬클레-뽈세 산장에서 샤비에르 고개(Col de Chavière, 2796m) 가는 길.

도중에 작은 알파인 호수도 있으며 차츰 고도를 높이면 저 멀리 몽블랑이 보인다.

샤비에르 고개(Col de Chavière, 2796m)에서 뻬클레-뽈세 산장(Refuge de Péclet-Polset, 2474m)으로 하산하는 트레커들.

고개 아래 돌탑지대.
누군가부터 하나씩 쌓기 시작해...
피레네에서 온 프랑스인 부부의 권
유로 필자도... 한옥 기와지붕을
본떠 삼각형 돌을 맨위에...

샤비에르 고개(Col de Chavière, 2796m). 북쪽으로 저 멀리 몽블랑이 보인다.

고갯마루에서 만난 산양

고갯마루에서 남쪽으로 하산하는 트레커들

샤비에르 고개(Col de Chavière, 2796m).
북쪽으로 저 멀리 몽블랑 산군이 보인다.

고갯마루 동쪽 언덕(2800m)에 멋진 캠프지가 있다. 북쪽 몽블랑과 남쪽 에크랑 산군이 한눈에 보이는 최고의 전망대다.

GR5는 에크랑 산군 좌측 허리길로 이어진다.

벨기에 출신의 트레커가 러뽀쥐에서 새벽에 출발해 이른아침에 고갯 마루에 올라왔다. 이렇게 열심히 걷는 그도 2주는 더 걸어야 니스에 도착할 거라 했다. 그도 캠핑을 주로 하면서 산장도 이용한다고.

고갯마루에서 반 시간 하산하면 갈림길(Le Grand Plannay, 2504m)이 나온다. 여기서 오른편으로 하산해야 모단(Modane, 1066m)이다. 갈림길에서 조금 하산하면 작은 목장이 있는데, 사나운 개가... 양치기 개는 사납게 짖더라도 자극하지 않으면 금방 멈춘다.

갈림컬(Le Grand Plannay, 2504m) 아래의 목장.

샤비에르 고개에서 두 시간 이상 하산하면 뽈세 마을(Hameau de Polset, 1840m)이고 이후 전나무 숲을 한 시간 반 하산하면 모단이다.

샤르메 다리(Pont de Charmaix, 1530m)에서 한 시간 오른 레 제흐비에(Les Herbiers). 농가가 몇 채 있다.

ㄱ자 표시는 길이 좌우측으로 꺾인다는 표시이다.

라브와르(Chalets du Lavoir, 1905m)에서 반 시간 오른 후의 로자(la Losa, 2099m) 위 무너진 돌집.

로자(la Losa, 2099m) 위 무너진 돌집에서 얼마 오르지 않아 시야가 트이고 저 멀리 발레 에트르와트 고개(Col de la Vallée Étroite, 2434m)가 보인다. 우측 언덕에 따보르 산장(Refuge du Thabor, 2500m)이 있다.

발레 에트르와트 고개(Col de la Vallée Étroite, 2434m) 아래서 풀을 뜯는 소들.

발레 에트르와트 고개(Col de la Vallée Étroite, 2434m) 아래의 알파인 호수.

발레 에트르와트 고개(Col de la Vallée Étroite, 2434m) 우측 언덕에 따보르 산장 (Refuge du Thabor, 2500m)이 있다.

발레 에트르와트 고개(Col de la Vallée Étroite, 2434m)에서 뒤돌아본 풍경.

모단 아랫마을 푸흐노(Fourneaux) 기차역 앞 광장. 광장 아래로 백여 미터 내려가 복개천에서 좌측으로 방향을 꺾어 철로 지하보도를 지나면 이 정표가 있다.

반 시간 정도 오르막을 올라 뒤돌아본 모단.

14 구간

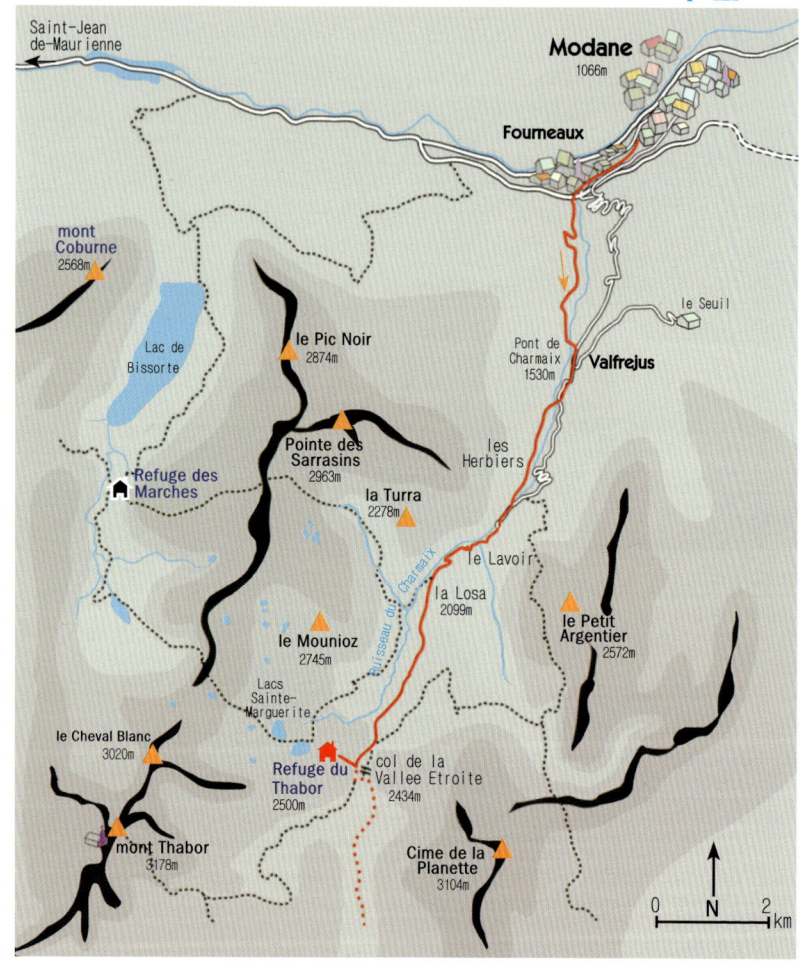

Modane(1066m) : www.terramodana.com
제법 큰 산간도시로서 각종 편의시설들이 잘 갖춰져 있다. 파리, 제네바 등 대도시까지 열차편이 있는 기차역이 있으며 마을 외곽에 큰 슈퍼마켓이 있다.
Refuge du Thabor(2500m) : tel. 04 79 20 32 13. 46개 침상.

14 구간   모단 - 따보르 산장

Modane(1066m) − Pont de Charmaix(1530m) : 2h(+464m)
Pont de Charmaix − Chalets du Lavoir(1905m) : 1h10(+375m)
Chalets du Lavoir − Chalets de la Losa(2099m) : 30min(+194m)
Chalets de la Losa − Col de la Vallée Étroite(2434m) : 1h20(+335m)
Col de la Vallée Étroite − Refuge du Thabor(2500m) : 20min(+66m)

총 거리 : 13km / 총 시간 : 5h20
상행고도 : 1434m

GR5 전 일정 중 중간지점에 위치한 모단은 3일 후에 도착하는 브리앙송과 마찬가지로 대도시로 이어지는 열차편이 있는 교통이 편리한 제법 큰 마을이다. 그 이후의 산간마을들은 오지에 위치해 있어 필자처럼 GR5를 나누어 완주할 때는 교통편을 고려해야 한다. 모단 시청에서 길은 두 갈래 있는데, 기차역이 있는 바로 아랫마을(Fourneaux)을 거쳐 계곡을 끼고 오르는 편이 낫다. 처음엔 급경사면을 오르지만 발프허쥐 마을이 보이는 높이까지 오른 이후부터는 완만해지고 로자(la Losa, 2099m) 이후부터는 시야가 트인다. 발레 에트르와트 고개 한 시간 전부터는 나무 한 그루 없는 완만한 알파인 지대가 펼쳐진다. 계곡 쪽 아랫길로 고개에 오르는 것보다는 좀 더 올라 왼편 산허리길로 고개에 이르는 편이 경치 구경에 좋다.

  모단 중심가에서 서쪽으로 큰 길을 따라 아랫마을 푸호노(Fourneaux) 쪽으로 10분 걷지 않아 대형 마트가 있으며 차도를 건너 곧 기차역이 있는 푸호노 마을이다. 기차역을 지나 큰 길을 따라 백여 미터 가다가 콘크리트 복개천을 지나자마자 방향을 왼편으로 꺾어 아파트 앞에서 철로 지하보도를 건너면 나무에 새긴 GR5 이정표가 나오며 곧 교회 앞 쪽에서 산으로 오르는 길이 나타난다. 이후 급경사면의 산길을 줄곧 따라 오른다. 전나무 숲길을 한 시간 이상 올라 샤르메 다리(Pont de Charmaix, 1530m)를 지난다. 좀 더 오르막을 올라 농가 몇 채를 지나 계속해서 산허리를 끼고 오르면 계곡이 좁아지는데, 2차 세계대전 때 지은 콘크리트 요새가 있으며 곧 로자(la Losa, 2099m)에 이른다. 여기까지 승용차로 오를 수 있는데, 주차장 이후부터는 길이 험해진다. 먼지 나는 오르막을 반 시간 오른 후부터 시야가 확 트이고 남쪽 하늘 아래에 발레 에트르와트 고개(Col de la Vallée Étroite, 2434m)가 보이기 시작한다. 계속해서 산판도로처럼 넓은 길을 따르다가 계곡 쪽으로 가지 말고 좀 더 오르면 작은 샬레가 하나 있고 그 위로 산허리를 가로질러 고개로 향한다. 고갯마루에 가까워지면 서쪽 봉우리 아래에 위치한 따보르 산장(Refuge du Thabor, 2500m)이 보인다. 고갯마루에서 20분이면 산장에 이른다.

모단 중심에 위치한 시청.

샤비에르 고개로 오르는 이들.

모단 시내는 꽤 커 각종 편의시설이 갖춰져 있다.

발레 에트르와트 고개(Col de la Vallée Étroite, 2434m)에 있는 작은 호수.

발레 에트르와트 고개(Col de la Vallée Étroite, 2434m). 우측 언덕 뒤로 오르면 따보르 산장(Refuge du Thabor, 2500m)이 있다.

15 구간 따보르 산장 - 네바쉬

Refuge du Thabor(2500m) − Pont de la Fonderie(1910m) : 1h40min(−603m)
Pont de la Fonderie(1910m) − Granges de la Vallee Étroite(1765m) : 40min(−132m)
Granges de la Vallee Étroite(1765m) − Col des Thures(2194m) : 1h20(+429m)
Col des Thures(2194m) − Chapelle des Ames(1623m) : 1h40(−571m)
Chapelle des Ames(1623m) − Névache(1600m) : 30min(−23m)

거리 : 약 12km / 시간 : 5h50
상행고도 : 429m / 하행고도 : 1329m

따보르 산장 아래의 발레 에트르와트 고개(Col de la Vallée Étroite, 2434m)는 사보아(Savoie) 지역을 떠나 오뜨 알프스(Hautes−Alpes) 지역으로 들어서는 관문이다. 20세기 중반까지 프랑스와 이탈리아의 국경선이기도 했다. 발레 에트르와트 계곡이 프랑스령이긴 하지만 이태리 쪽에서 차량접근이 더 쉽고 이 지역에서는 이탈리아어가 통용된다. 가파른 전나무 숲을 올라 드넓은 풀밭 언덕에 위치한 튀흐 고개(Col des Thures, 2194m)를 넘어 네바쉬로 하산하는 길은 수월하다.

따보르 산장에서 에트르와트 고개를 넘어 한동안 알파인 풀밭을 걸어내린다. 반 시간 지나 몽 따보르(3178m) 쪽에서 흘러내리는 개울을 지나게 되며 다시 반 시간 풀밭을 걸어내리면 에트르와트 계곡(Vallee Étroite)이 한눈에 내려다보이는 언덕에 이른다. 몇 시간 후에 넘을 튀흐 고개(Col des Thures, 2194m)도 살짝 눈에 들어온다. 가파른 사면을 잠시 내려서면 전나무 숲이 시작되고 곧 퐁더리 다리(Pont de la Fonderie, 1910m))가 나타난다. 이제부터 비포장 산판도로를 따라 걷다가 지름길을 따라 하산하면 그랑즈 더 라 발레 에트르와트(Granges de la Vallee Étroite, 1765m) 마을이다. 마을에 두 개의 산장이 트레커들에게 휴식처를 제공해주며 시원한 분수대도 두 개 있다.

마을에서 튀흐 고개는 마을 앞 공터에서 남서쪽 산비탈로 올라야 한다. 가파른 전나무 숲길을 한 시간 이상 오르면 차츰 시야가 트이고 드넓은 풀밭 언덕 위에 큰 호수가 하나 있는 고갯마루에 이른다. 이 고개도 20세기 중반까지 프랑스와 이탈리아의 국경선이었다. 완만한 풀밭길을 따라 20분 남쪽으로 걸어내리면 목장 오두막이 하나 있는데, 깨끗한 물이 흐르는 분수대가 있다. 이후 좀 더 완만한 풀밭을 걸어내린 다음, 가파른 지그재그길을 따라 전나무 숲에 들어선다. 가파른 숲길을 거의 다 내

15 구간

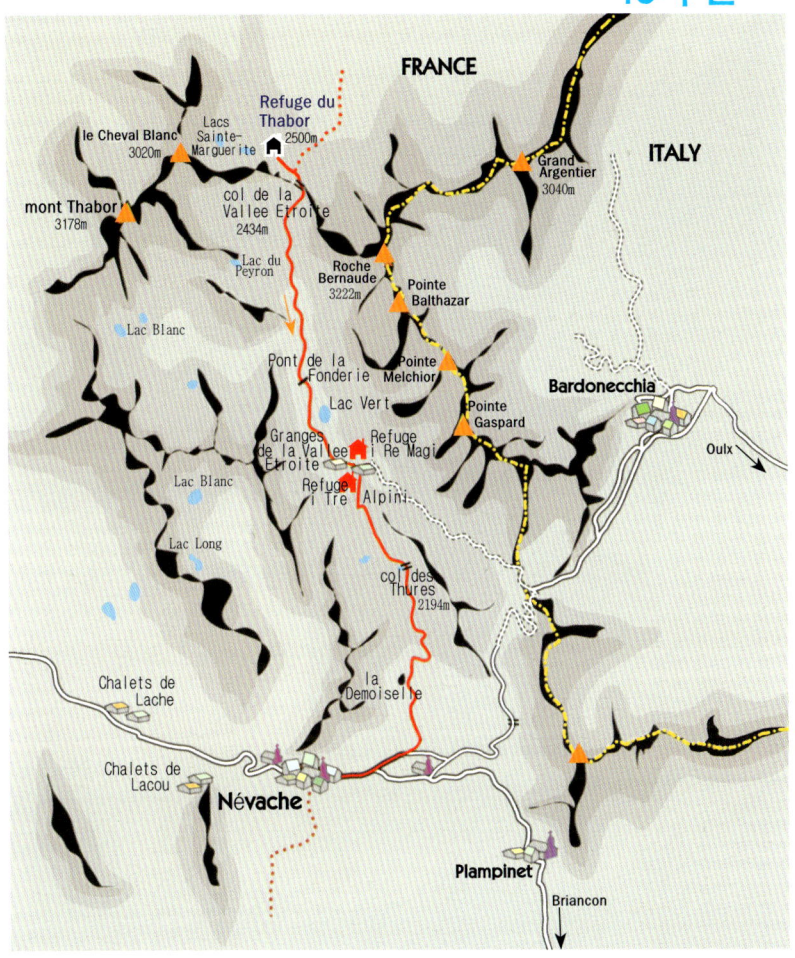

려서면 산림청 오두막이 나타나고 계속해서 숲길을 걸어내려 곧 마을 어귀에 이른다. 샤뻴 데자메스(Chapelle des Ames, 1623m) 교회가 길가에 있고 도로를 따라 반 시간 걸어오르면 네바쉬에 이른다. 한편 데자메스 교회에서 계곡 아래로 내려가면 플롬피네(Plampinet)마을을 거쳐 브리앙송으로 갈 수도 있다.

Refuge i Tre Alpini(CAI) : tel. (0039) 01 22 90 20 71 / 01 22 90 76 45
Refuge i Re Magi : tel. (0039) 01 22 96 451 / 36 89 17 952
네바쉬에 캠핑장과 각종 숙박시설 있음.

발레 에트르와트 고개(Col de la Vallée Étroite, 2434m) 너머로 에트르와트 계곡이 내려다보인다.

발레 에트르와트 고개(Col de la Vallée Étroite, 2434m)에서 한동안 풀밭을 걸어내리는 트레커들.

발레 에트르와트 고개(Col de la Vallée Étroite, 2434m)
에서 한 시간 내려온 전망 좋은 언덕 너머로 몇 시간 후
에 넘을 튀흐 고개(Col des Thures, 2194m)가 보인다.

전나무 숲 아래에 퐁더리 다리(Pont de la Fonderie, 1910m)가
있으며 발레 에트르와트 마을은 40분 더 내려간다.

퐁더리 다리(Pont de la Fonderie, 1910m)를 건너 발레 에트르와트 마을은 40분 더 내려간다.

발레 에트르와트 마을(Granges de la Vallée Étroite, 1765m)

발레 에트르와트 마을(Granges de la Vallée Étroite, 1765m) 앞 공터에 깨끗한 물이 흐르는 분수대가 있으며 마을 너머로 고갯마루에서 하산한 계곡이 보인다. 꼴 데 튀흐는 남서쪽 전나무 숲으로 올라야 한다. 프랑스 트레커가 쉬고 있는데, 그와는 며칠 간 함께 걸었다.

튀흐 고개에서 한 시간 전나무 숲을 올라 뒤로 내려다본 풍경.
발레 에트르와트 고갯마루 아래로 하산한 계곡과 마을이 보인다.

드넓은 풀밭 언덕 위의 튀흐 고개(Col des Thures, 2194m)에는 아담한 알파인 호수가 있어 가벼운 차림으로 올라온 트레커들이 쉬어가기 좋다.

꼴 데 튀흐(Col des Thures, 2194m)에서 남쪽으로 드넓은 풀밭이 이어지고 조금 걸어내리면 알파인 목장 오두막이 한 채 있다.(아래 사진) 오두막 앞에 깨끗한 물이 흐르는 분수대가 있다.

샤뻴 데자메스(Chapelle des Ames, 1623m) 교회가 길가에 있고 도로를 따라 반 시간 걸어오르면 네바쉬에 이른다.

16 구간   네바쉬 - 브리앙송

Névache(1600m) – Porte de Cristol(2483m) : 2h50(+883m)
Porte de Cristol – Col de Granon(2404m) : 45min(+25/−104m)
Col de Granon – Col de Barteaux(2382m) : 20min(+32/−54m)
Col de Barteaux – Croix de Toulouse(1962m) : 3h(+263/−683m)
Croix de Toulouse(1962m) – Briançon(1290m) : 1h10(−672m)

거리 : 약 27km / 시간 : 8h30
등행고도 : +1380m / 하행고도 : −1825m

네바쉬에서 브리앙송에 이르는 이 길은 GR5C 루트로서 샤펠 데자메스 교회에서 계곡 아래로 내려가는 원래 루트 GR5의 변형코스이다. 제법 먼 거리의 큰 고갯마루들과 가파른 능선길을 통과하는 힘든 하루 일정이지만 그만한 보상은 충분한 구간이다. 긴 고갯마루와 능선들이 이어지는 2000미터 이상 지대에서는 어느 방향으로든 시야가 트여 필자가 이제껏 걸어본 알프스 최상의 하늘 정원길들 중 하나다. 하지만 날씨가 나쁠 때, 특히 바람이 심하거나 능선에 눈이나 얼음이 덮여 있을 때는 조심해야 하는 구간이다.

네바쉬에서 남쪽 전나무 숲길을 곧장 오르면 되고 필자는 샤펠 데자메스 교회에서 도로를 따라 네바쉬로 얼마 오르지 않아 나타나는 나무다리를 건너 오르는 길을 택했는데, 전나무 숲을 한 시간 이상 오르면 네바쉬에서 오르는 길과 만나는 삼거리가 있다. 여기서 한 시간 더 오르면 전나무 숲을 벗어나 알파인 풀밭이 펼쳐져 있는데, 풀밭 언덕 위에 꽤 큰 크리스똘 호수(Lac de Cristol, 2245m)가 있다. 호수 앞 좌측 언덕으로 길은 이어지고 한 시간 못 올라 뽀르뜨 더 크리스똘 고개(Porte de Cristol, 2483m)에 이른다. 고개 능선에는 돌로 쌓은 허물어진 성곽들이 있다.

고개 아래로 조금 내려가면 갈림길이 있어 우측 아래로 내려가지 말고 왼편 산허리길을 수평으로 따라간다. 넓은 비포장길이 한동안 이어지는데, 시야가 확 트여 우측 뒤로 에크랑 산군이 펼쳐져 있다. 도중에 삼거리 하나가 더 나타나지만 그라농 고개(Col de Granon, 2413m) 쪽은 계속해서 산허리를 돌아가면 된다. 크리스똘 고개에서 한 시간이 채 걸리지 않아 도착하는 그라농 고개에는 식당이 하나 있다. 아랫마을에서 올라오는 아스팔트 차도가 연결되어 있다. 고개 아래 남쪽 사면에는 한때 산악군인 훈련막사로 이용된 건물들이 있다. 그라농 고개에서 바르또 고개(Col de Barteaux, 2382m) 쪽으로 작은 언덕 하나만 넘으면 식수가 흐르는 작은 개울을 만나며 반 시간도 걸리지 않아 바르또 고개에 이른다.

이후 가파른 능선길(Crête de Peyrolle)을 2시간 이상 오르내리는데, 가파른 낭떠러지가 좌우에 펼쳐져 있어 주의를 요한다. 능선 위 마지막 봉우리(Serre des Aigles, 2567m)에 이르면 십자가 아래로 브리앙송이 한눈에 내려다보인다. 이후 가파른 길을 걸어내리고 폐허가 된 막사를 지나 지그재그 숲길을 하산해 크로와 더 뚤루즈(Croix de Toulouse, 1962m))에 이르면 브리앙송이 한층 더 가깝게 내려다보인다. 계속해서 소나무 숲길을 지그재그로 걸어내려 성곽 옆으로 하산해 브리앙송 시내에 들어선다.

16 구간

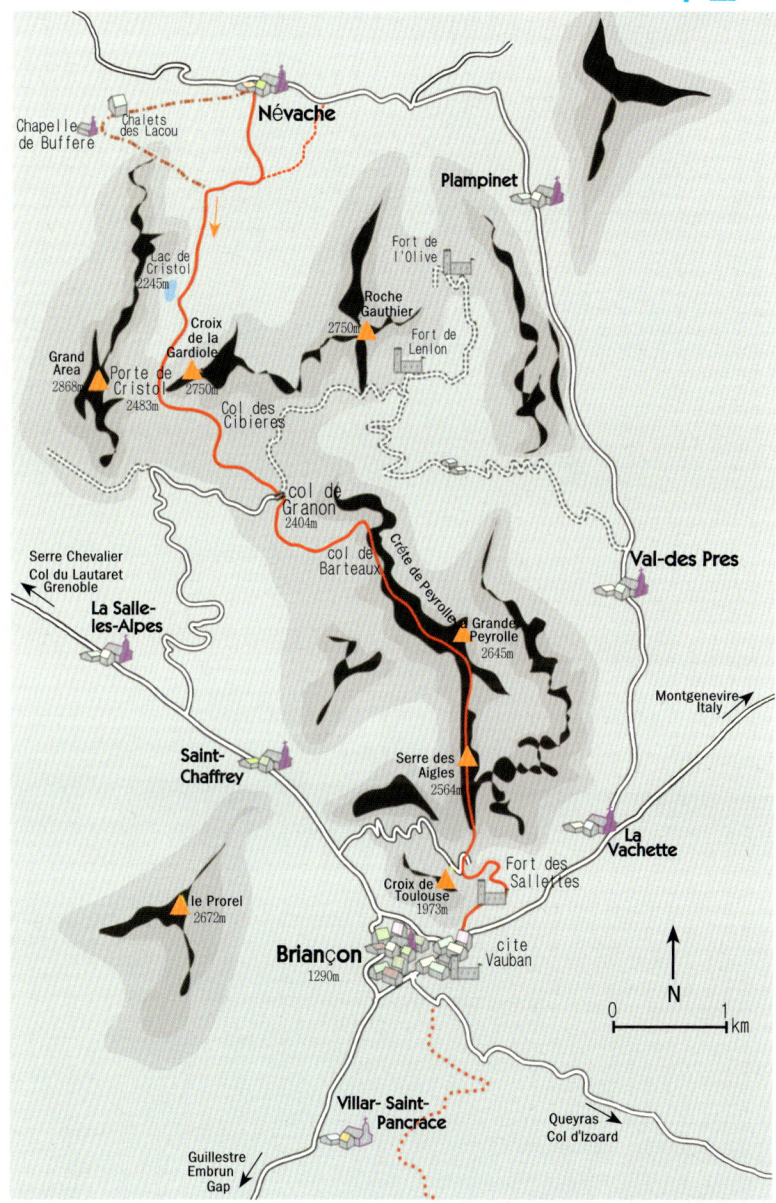

Briançon(1290m) : 대도시행 기차역이 있는 산악도시로서 각종 편의시설들이 갖춰져 있으며 캠핑도 가능하다.
Gîte le Petit Phoque : tel. 04 92 20 07 27

뽀르뜨 더 크리스똘
(Porte de Cristol, 2483m)

크리스똘 호수

여름 한철 호수 옆 오두막에서 양을 방목하는 양치기. 그의 아내가 그를 부르는 요들송이 온산에 메아리쳤다.

크리스똘 호수
(Lac de Cristol, 2245m)

뽀르뜨 더 크리스똘(Porte de Cristol, 2483m) 고개에서 뒤돌아본 풍경.

뽀르뜨 더 크리스똘(Porte de Cristol, 2483m) 고개에서 남쪽으로 산허리길을 돌아간다.

우측 뒤로 에크랑 산군이 펼쳐져 있다.

뽀르뜨 더 크리스똘(Porte de Cristol, 2483m) 고개에서 한 시간이면 그라농 고개(Col de Granon, 2413m)에 이른다.

그라농 고개(Col de Granon, 2413m)
가는 길에서 만난 양치기 개.
혼자 밤새 양들을 지키고 있었다.

그라농 고개 너머 에크랑 산군이 보이며
옛 군인막사가 바로 아래에 있다.

그라농 고개(Col de Granon, 2413m)에서
본 에크랑 산군.

바르또 고개

그라농 고개(Col de Granon, 2413m)에서 20분이면
바르또 고개(Col de Barteaux, 2382m)에 이른다.

능선에서 바르또 고개로 돌아본 풍경.

능선(Crête de Peyrolle)을
2시간 이상 걷는다.

능선 중간 즈음에 위치한 크로와 델라 치메(Croix de la Cime, 2603m)의 십자가 뒤로 브리앙송이 보인다.

마르세이유에 산다는 부부는 새벽에 브리앙송에서 출발해 반대로 능선길을 걷고 있었다.

2시간 이상 걷는 능선(Crête de Peyrolle) 위 마지막 봉우리((Serre des Aigles, 2567m)의 십자가.

마지막 봉우리((Serre des Aigles, 2567m)로 오르는 이들.

마지막 봉우리((Serre des Aigles, 2567m)에서 반 시간 가파른 길을 걸어내리면 폐허가 된 군막사가 있으며 그 아래로 숲길이 이어진다. 도중에 만난 트레커 뒤로 그르노블로 넘어가는 계곡이 보인다. 에크랑 산군 일주 코스이기도 하다.

크로와 더 뚤루즈(Croix de Toulouse, 1962m) 아래 숲길을 걸어 내리면서 본 브리앙송. 고성들이 많은 아름다운 산악도시이다.

17 구간 브리앙송 - 라 샬프

Briançon(1290m) - 아이에스 마을(Chalets des Ayes, 1711m) : 3h20(+421m)
Chalets des Ayes - Chalets de Vers le Col(2163m) : 1h20(+452m)
Chalets de Vers le Col(2163m) - 아이에스 고개(Col des Ayes, 2477m) : 45min(+314m)
Col des Ayes - 레이샤이용(L'Eychaillon, 2142m) : 1h(-335m)
L'Eychaillon(2142m) - 브리니사르(Brunissard, 1746m): 1h(-396m)
Brunissard(1746m) - 라 샬프(La Chalp, 1685m) : 20min(-61m)

거리 : 약 23km / 시간 : 7h50
등행고도 : +1187m / 하행고도 : -792m

GR5 루트는 한동안 큰 산악도시 외곽마을을 벗어나기 바쁜데, 한 시간도 걸리지 않아 조용한 산길에 접어들게 된다. 아이에스 고개(Col des Ayes, 2477m)까지 그다지 방향을 틀지 않고 곧장 오르게 되는데, 숲길을 벗어나 산판도로를 따라 올라 한적한 산간마을 샬레 데자이에스(Chalets des Ayes, 1711m)에 이른다. 전기가 들어오지 않는 여름별장들이 모여 있는 아늑한 마을을 지나 계곡 옆 숲길을 한 시간 더 오르면 알파인 지대가 나타난다. 고갯마루까지 시야가 확 트이는 걷기 좋은 오르막이며 아이에스 고개에 서면 남쪽에 펼쳐진 케이하스(Queyras) 자연보호공원이 한눈에 들어온다. 이후 마을까지 수월한 하산길이 시작되는데, 자연보호공원으로 지정될만큼 이제까지와는 다른 산악미를 느낄 수 있다.

  GR5뿐 아니라 다른 큰 트레킹 코스에서 특히 산간마을이나 산악도시에 들어선 다음, 다음 구간을 찾는 일이 산속에서 길을 찾는 일보다 어려운 게 사실이다. 브리앙송을 벗어나는 일 또한 쉽지 않지만 우선 기차역에서 출발해 남쪽으로 방향을 잡아 걷는데서 시작한다. 도로가에 GR5 이정표가 자그마하게나마 곳곳에 표시되어 있어 유심히 살피며 완만한 오르막을 오르면 된다. 갈림길마다 이정표가 잘 되어 있는 편이다. 이정표에 신경쓰며 한 시간 외곽마을을 끼고 오르면 퐁 더 세호비에호(Pont de Cervières) 마을이나 빌라 생-빵크하스(Villar St-Pancrace) 마을을 지나게 되고 곧 샤뻴 생-로항(Chapelle St-Laurent) 교회에 이른다. 이 지점부터 브리앙송이 내려다보이기 시작한다. 이후 한동안 산판도로를 따르다가 숲길에 접어들어 오르막을 한 시간 오르면 다시 산판도로가 나온다.
  산판도로를 따라 한 시간 더 오르면 한적한 산간마을 샬레 데자이에스가 나타난다. 마을 위로 이어진 길은 계곡 옆을 끼고 오르는데, 아이에스 고개(Col des Ayes, 2477m) 아래의 샬레 더 베르 러 꼴(Chalets de Vers le Col, 2163m)에 이른다. 오두막이 몇 채 흩어져 있으며 여기서 고개 정상까지는 한 시간이 걸리지 않는다. 이후 완만한 풀밭을 걸어내

17 구간

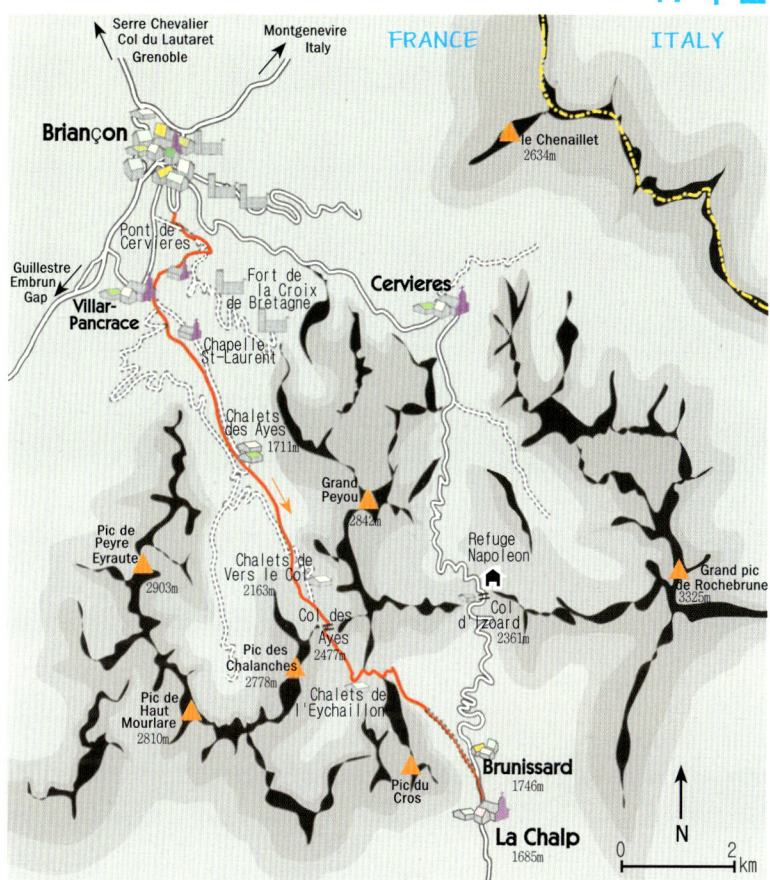

려 한 시간이면 레이샤이용(L'Eychaillon, 2142m) 마을 어귀이다. 이후 산판도로를 따라 내려 거대한 바위절벽 아래로 걷는데, 클라이머들이 암벽등반을 즐기는 모습도 볼 수 있다. 곧 전나무 숲으로 길은 이어지고 숲 하단부에 멋진 캠핑장이 있다. 이후 길은 도로를 따라 내려가는데, 한적한 시골길 같은 산간풍경을 즐기다보면 곧 브리니사르 마을이고 20분 더 걸어내리면 라 샬프에 이른다.

브리니사르(Brunissard, 1746m) : 마을에 내려서기 전에 캠핑장 있음.
라 샬프(La Chalp, 1685m) : 식당 및 숙박시설은 있지만 식료품점은 아랫마을(Arvieux)에 있음.

살레 데자이예스 마을
(Chalets des Ayes, 1711m)

마을 앞 공터에서
공놀이하는 주민들.

아이예스 고개(Col des Ayes, 2477m)

살레 더 베르 러 꼴
(Chalets de Vers le Col, 2163m)

샬레 더 베르 러 꼴(Chalets de Vers le Col, 2163m) 위에서 뒤돌아본 풍경.

아이예스 고개(Col des Ayes, 2477m)

아이예스 고개

레이샤이용(L Eychaillon, 2142m) 마을 어귀에 모인 주민들이 비포장길을 정비하고 있었다.

레이샤이용(L Eychaillon, 2142m)

레이샤이용(L'Eychaillon, 2142m) 아래. 숲 하단에 캠핑장이 있으며 숲 아래에 브리니사르 마을이 있다.

한적한 산간마을 브리니사르(Brunissard, 1746m).

브리니사르(Brunissard, 1746m)에서 한적한 도로를 따라 20분 걸어내리면 라 샬프(La Chalp, 1685m)이다.

라 샬프(La Chalp, 1685m). 식당 및 숙소가 있지만 식료품점은 아랫마을(Arvieux)에 있다.

18 구간 라 샬프 - 세이약

La Chalp(1685m) – 루 호수(Lac de Roue, 1854m) : 1h 20min(+169m)
Lac de Roue – Chateau Queyras(1350m) : 1h 10min(-504m)
Chateau Queyras(1350m) – Col Fromage(2301m) : 3h50(+951m)
Col Fromage(2301m) – Ceillac(1639m) : 1h20(-662m)

거리 : 약 23km / 시간 : 7h40
등행고도 : +1120m / 하행고도 : -1166m

라 샬프(La Chalp)에서 루 호수 가기 전의 메종(Les Maisons, 1693m) 마을 가는 길은 둘인데, 가게가 있는 아랫마을(Arvieux)을 경유할 수도 있다. 언덕 위 전나무 숲 옆에 위치한 인공호수 루 호수(Lac de Roue, 1854m)는 캠핑을 원하는 트레커에겐 멋진 휴식처가 분명하며 주변 풍광 또한 빼어나다. 께이하스 성(Chateau Queyras, 1350m)이 있는 오래된 마을도 불러보면 좋은데, 이 마을엔 식당은 있지만 숙박시설은 없어 아랫마을(Ville-Vieille)을 이용해야 한다. 고성 아래 협곡 위에 놓인 돌다리를 건너면 곧장 오르막이 시작되어 3시간 정도 계곡을 끼고 오르막을 올라 산허리를 돌아 한 시간 정도 가면 프로마즈 고개(Col Fromage, 2301m)이다. 고개에서 세이약 마을로의 하산길은 아주 수월하며 작은 마을 하나를 지나면 아주 쾌적한 알프스의 산간마을 세이약이다.

마을 뒤편 숲길로 메종 마을로 갈 수도 있고 아르비우(Arvieux)를 경유해 도로를 따라 갈 수도 있다. 오랜 농가 몇 채만 있는 조용한 메종 마을을 지나 목장풀밭 사이로 난 오솔길을 따라 거슬러오르면 루 호수가 아름드리 전나무 숲 옆에 위치해 있다. 숲 속에 캠프지도 있고 나무벤치도 있다. 계속해서 동쪽으로 이 숲을 빠져나오면 내리막이 시작된다. 한 시간 이상 숲을 걸어내려 마을 어귀에서 아스팔트 길을 따라 샤또-께이하스 마을(Chateau Queyras, 1350m)에 들어선다. 여름철에는 성문을 관광객에게 개방하기에 둘러볼만 하다. 시청이 있는 마을 중심으로 내리막이 이어지고 돌다리가 놓인 계곡을 건너면 곧장 가파른 오르막이 시작된다. 숲길을 한동안 올라 산판도로가 나타나고 얼마 후, 농가 한두 채가 있는 목장(Pre Premier)을 지나 길은 계속해서 계곡을 끼고 오른다. 샤또-께이라스에서 2시간 올라서야 폰테인 루즈(Fontaine Rouge, 2125m)인데, 깨끗한 물이 흐르고 넓은 풀밭이 가까이 있다.

좀 더 오르면 목장용 분수대가 하나 더 있고 이후 길은 산허리를 돌아간다. 거대한 산사태 지대 위로 이어지는 길은 프로마즈 고개(Col Fromage, 2301m)에 닿는다. 고개에서 북쪽으로 돌아보면 이틀 전에 넘어온 아이예스 고개와 라 샬프 마을 쪽 계곡이 한눈에 보인다. 고갯마루 동쪽 비탈에 꽤 큰 콘크리트 대피소가 하나 있다. 비상시에 잠시 대피할 수 있는 공간뿐이라 잠자리를 위해선 장비를 갖춰야 한다. 세이약 마을로의 하산길은 계곡 아래에 위치한 마을을 지켜보며 편하게 내려설 수 있다. 마을 외곽에 캠핑장도 두 군데 있는 멋진 휴양산간마을이다.

18 구간

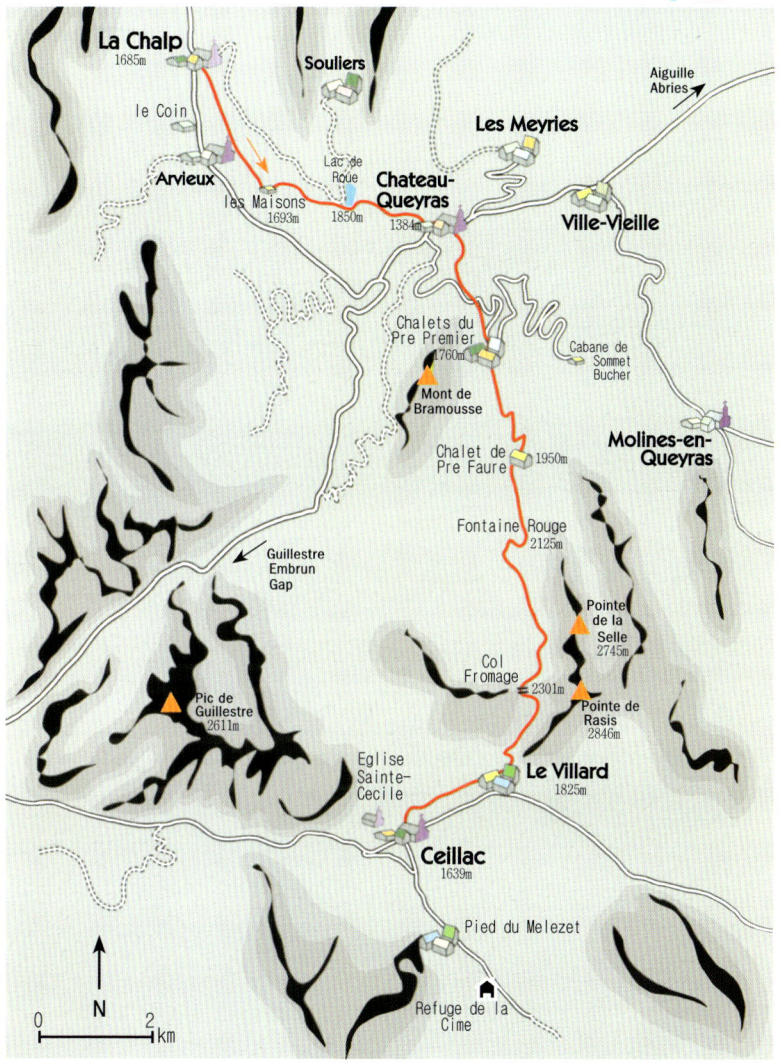

Chateau-Queyras(1384m, www.chateauvillevieille.com) : 캠핑장과 상점 등 편의시설 있음.
세이약(Ceillac, 1639m) : 제법 큰 마을로서 호텔 및 여행자 숙소와 가게, 캠핑장 등 각종 편의시설이 갖춰져 있다.
Refuge de la Cime : tel. 04 92 45 19 12

라 샬프(La Chalp, 1685m)에서 식료품점 등 가게가 있는 아랫마을(Arvieux)을 거쳐 메종 마을(Les Maisons, 1693m)로 이동할 수도 있다.

아흐뷔(Arvieux) 거리

메종 마을(Les Maisons, 1693m)

메종 마을(Les Maisons, 1693m)을 벗어나면 곧장 산비탈을 거슬러올라 전나무 숲에 이웃한 루 호수에 이른다.

인기척이라곤 없는 메종 마을(Les Maisons, 1693m)에서 강아지만 반겨줬다.

한 시간 이상 오르막을 올라 도착한 루 호수(Lac de Roue, 1854m).

루 호수(Lac de Roue, 1854m) 옆 전나무 숲에는 캠프자도 있고 나무벤치가 있어 하룻밤 쉬어가기 좋다.

루 호수(Lac de Roue, 1854m) 옆 전나무 숲에는 캠프지도 있고 나무벤치가 있어 하룻밤 쉬어가기 좋다.

샤또-께이하스(Chateau Queyras, 1350m) 오른편 건너편에 3시간 이상 거슬러오를 계곡과 프로마즈 고개(Col Fromage, 2301m) 쪽이 보인다.

샤또-께이하스(Chateau Queyras, 1350m)

샤또-께이하스 거리

샤또-께이하스 교회

샤또-께이하스에서 두 시간 이상 올라야 시야가 트이기 시작한다. 두 트레커들은 브리앙송에서 시작해 니스까지 걷고 있었다.

폰테인 루즈(Fontaine Rouge, 2125m). 깨끗한 물이 흐르고 넓은 풀밭이 가까이 있다.

프로마즈 고개(Col Fromage, 2301m)

프로마즈 고개(Col Fromage, 2301m)에서 뒤 돌아본 풍경. 줄곧 산허리길을 횡단해 왔다.

당나귀에 짐을 싣고 프로마즈 고개를 내려가는 일가족. 고개 동쪽 산비탈에 콘크리트로 지은 비상대피소가 있다.

프로마즈 고개(Col Fromage, 2301m) 남쪽 풍경. 다음날 바위장벽 아래쪽에서 좌측 뒤로 계곡을 거슬러 오른다.

세이약 마을로 내려
가는 길은 편하다.

세이약 마을 어귀에서 만난
돌조각상들. 큰 바위에 암
벽을 오르는 모습이 재미
있다.

세이약 마을
(Ceillac, 1639m)

세이약 마을
교회 앞 시청

세이약 마을에서 남쪽으로 난 큰 길을 따라 한 시간 가면 공터와 나무 다리가 있는 피드데 멜레제(Pied du Mélézet)가 나타난다. 다리를 건너 지그재그 오르막을 오른다.

19 구간

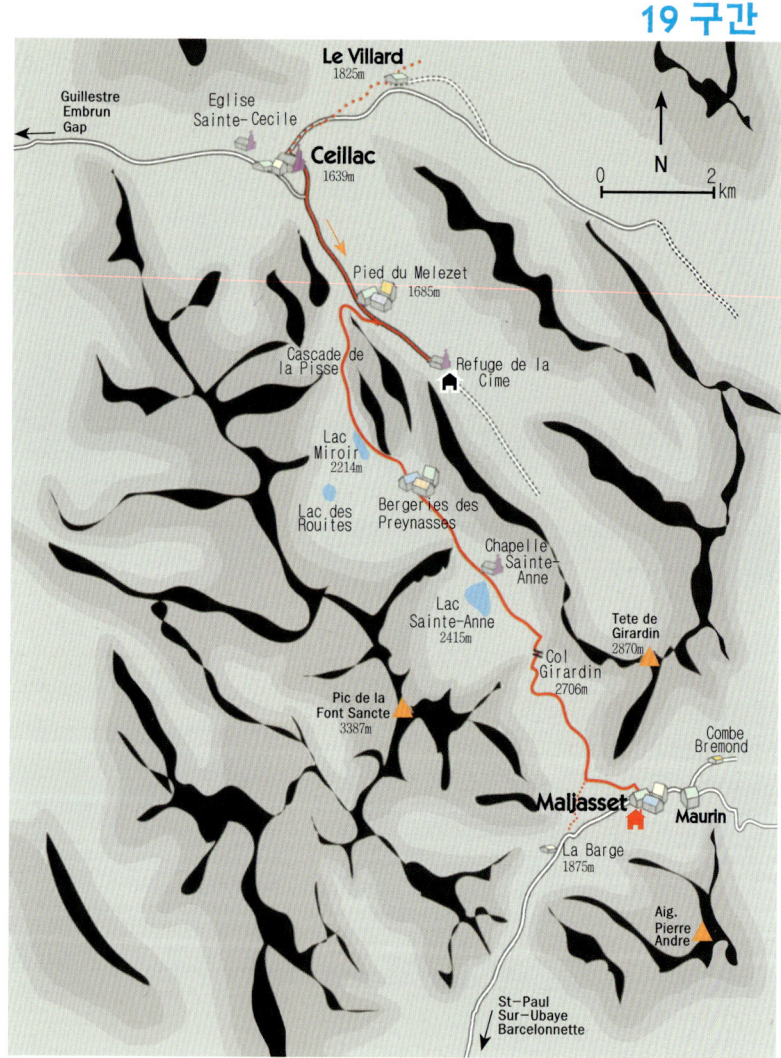

Refuge CAF de Maljasset : tel. 04 92 84 34 04
Gîte de la Cure a Maljasset : tel. 04 92 84 31 15

19 구간   세이약 - 말자쎄

Ceillac(1639m) − 미르와르 호수(Lac Miroir, 2214m) : 2h 20min(+648m)
Lac Miroir(2287m) − 쌩뜨 안느 호수(Lac Sainte Anne, 2415m) : 1h30(+128m)
Lac Sainte Anne(2415m) − 지라르당 고개(Col Girardin, 2706m) : 1h(+285m)
Col Girardin(2700m) − Maljasset(1910m) : 1h(−790m)

거리 : 약 16km / 시간 : 5h50
등행고도 : +1061m / 하행고도 : −790m

GR5 코스에서 가장 높은 고개 중 하나를 넘는 이 구간은 몇몇 급경사면을 오르내려야 한다. 지라르당 고개 아래의 두 호수 미르와르 호수와 쌩뜨-안느 호수가 멋지며 고갯마루에서의 풍광 또한 빼어나다. 여유가 있다면 지라르당 고개에서 동쪽으로 이어진 능선을 반 시간 오르면 지라르당 언덕 정상(Tete de Girardin, 2870m)인데, 필자가 이제껏 알프스에서 접한 가장 경치가 좋은 언덕 중 한 곳이다. 이곳 정상에는 멋진 대피소(오두막)도 있어 잠자리를 지닌 트레커가 하룻밤 묵으며 알프스의 일몰과 일출을 즐기기에 멋진 전망대이다. 고개에서 계곡으로 하산하다 중간에 삼거리가 나타나는데, 좌측으로 가면 말자쎄이고 우측은 지름길인 라 바지(La Barge)로 하산하는 길이다. 말자쎄로 하산해야 식당과 숙소가 있고 라 바지(La Barge)로 하산하면 두세 시간 더 걸어야 숙식을 해결할 수 있다. 한편 이 계곡은 전화가 통하지 않는 난청지역일 정도로 오지다.

각종 편의시설들이 잘 갖춰져 있는 세이약 마을 중앙에서 큰 길을 따르다가 좌측으로 꺾어 하천을 지난다. 마을을 벗어나면 넓은 공터가 나타나며 곧 캠핑장이다. 드넓은 계곡 옆 도로를 따라 좀 더 오르면 캠핑장이 하나 더 있다. 한 시간만에 주차장이 있고 큰 개울을 건너는 나무다리가 있는 피드데 멜레제(Pied du Mélézet)에 도착해 이후부터 전나무 숲 아래로 지그재그 길을 따라오른다. 한 시간 이상 올라 개울을 지나 숲을 빠져 나오면 미르와르 호수(Lac Miroir, 2287m)다. 호수에서 잠시 완만한 길을 따르면 목장 옆으로 걷게 되며 가파른 스키 슬로프를 올라야 한다. 한 시간 오르면 경사가 완만해지고 작은 언덕을 오르면 거대한 쌩뜨-안느 호수가 눈앞에 펼쳐져 있다. GR5 코스에서 만나는 알파인 호수 중 큰 편에 속하는 이 호수 동쪽 언덕에 작은 예배당과 큰 나무 십자가가 세워져 있다.

호수에서 나무 하나 없는 돌사면을 한 시간 오르면 지라르당 고개에 이른다. 앞서 말했듯 시간이 되면 지라르당 정상에 다녀올만 하다. 고갯마루에서 하산길은 수월한데, 반 시간 즈음 내려가 삼거리에서 말자쎄 쪽으로 길을 잡고부터는 급경사가 시작된다. 줄곧 말자쎄 마을을 내려다보며 마을로 하산한다.

밝고 깨끗한 세이약 마을
(Ceillac, 1639m)의 거리.

각종 편의시설들이 모두 갖춰져 있는 세이약 마을에서 다음 구간은 큰 길을 따라가다 좌측으로 꺾으면 된다. 하천을 지나 마을을 벗어나면 넓은 공터가 나타나며 곧 캠핑장이다. 좀 더 계곡을 오르면 캠핑장이 하나 더 있다.

세이약 마을(Ceillac, 1639m) 시청 앞.

나무다리에서 한 시간 반 올라 개울을 지나 숲을 빠져 나오면 미르와르 호수(Lac Miroir, 2287m)다.

미르와르 호수 전의 개울.

지라르당 정상
지라르당 고개
생뜨-안느 호수

생뜨-안느 호수와 예배당.

미르와르 호수(Lac Miroir, 2287m)에서 잠시 완만한 길을 따르면 목장 옆으로 걷게 되며 가파른 스키 슬로프를 올라야 한다. 한 시간 오르면 경사가 완만해지고 작은 언덕을 오르면 거대한 생뜨-안느 호수(Lac Sainte Anne, 2415m)가 눈앞에 펼쳐져 있다. GR5 코스에서 만나는 알파인 호수 중 가장 큰 편에 속하는 이 호수 동쪽 언덕에 작은 예배당과 큰 나무 십자가가 세워져 있다.

지라르당 고개(Col Girardin, 2706m) 오르는 길.
지라르당 정상에 구름이 걸려 있다.

지라르당 고개에 오르면서 쌩뜨-안느 호수(Lac Sainte Anne, 2415m) 쪽으로 돌아본 풍경.

지라르당 고개 (Col Girardin, 2706m) 너머 남쪽 풍경.

고갯마루에서 구름 아래에 있는 지라르당 고개 정상(Tete de Girardin, 2706m)은 반 시간도 걸리지 않는다.

자라르당 언덕 정상(Tete de Girardin, 2870m)에서 동남쪽으로 본 전망.

지라르당 고개(Col Girardin, 2706m)에서 동쪽으로 이어진 능선을 반 시간 오르면 지라르당 언덕 정상(Tete de Girardin, 2870m)인데, 필자가 이제껏 알프스에서 접한 가장 경치 좋은 언덕 중 한 곳이다. 이곳 정상에는 멋진 대피소(오두막)도 있다. 잠자리를 지닌 트레커가 하룻밤 묵으며 알프스의 일몰과 일출을 즐기기 멋진 전망대이다. 대피소 내부는 잘 정비되어 있지 않은 맨 흙 바닥이다.

대피소 밖으로 본 풍경.

지라르당 언덕 정상(Tete de Girardin, 2870m)에서 세이약 쪽으로 본 풍경.

세이약

2800미터 산정에서 지켜본, 바로 건너편 능선 너머에서 발생한 번개 쇼가 한 시간 동안 펼쳐졌다.

지라르당 언덕 정상(Tete de Girardin, 2870m)에서 남쪽으로 본 말자쎄 계곡 쪽 풍경. 다음날 줄곧 계곡을 따라 내려간다. 전화통화가 되지 않는 계곡이다.

지라르당 언덕 정상(Tete de Girardin, 2870m)은 꽤 넓어 동쪽으로 이어진 능선을 따라 산책해도 좋다.

고개에서 계곡으로 반 시간 하산하면 삼거리가 나타나는데, 좌측으로 가면 말자쎄이고 우측은 지름길인 라 바지(La Barge)로 하산하는 길이다. 말자쎄로 하산해야 식당과 숙소가 있고 라 바지로 하산하면 두세 시간 더 걸어야 숙식을 해결할 수 있다.

좌측으로 길을 잡아 말자쎄가 보일 때부터 급경사면이 이어진다.

지라르당 고개 아래, 돌담으로 지은 양치기 울타리와 움막이 있다.

말자쎄(Maljasset, 1910m) 거리의 해시계.

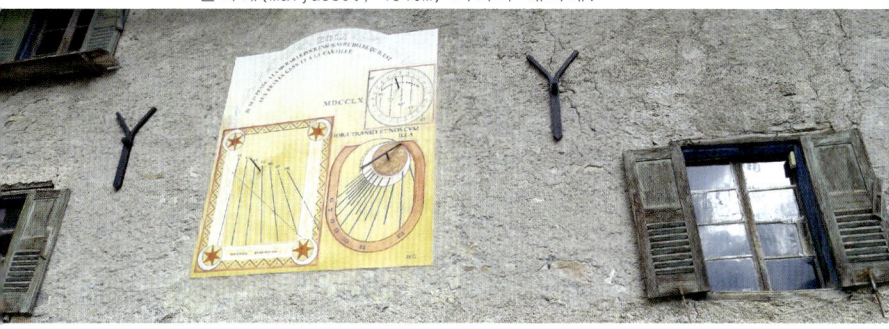

고갯마루에서 한 시간이면 닿는 말자쎄(Maljasset, 1910m)에는 숙식을 해결할 수 있는 곳이 두 군데 있다.

20 구간 말자쎄 - 라흐쉬

Maljasset(1910m) – 푸이우즈(Fouillouse, 1907m) : 2h50(-285m/+282m)
Fouillouse – 발로네 고개(Col du Vallonnet, 2524m) : 2h(+617m)
Col du Vallonnet(2524m) – 말러모르 고개(Col de Mallemort, 2558m) : 1h20(-163m/+197m)
Col de Mallemort(2558m) – Larche(1670m) : 2h(-888m)

거리 : 약 27km / 시간 : 8h10
등행고도 : +1096m / 하행고도 : -1336m

꽤 긴 구간으로서 말자쎄에서 한동안 계곡을 따라 걸어내린 다음, 멋진 돌다리(Pont du Châtelet, 1625m)를 지나 잠시 오르막을 오르면 푸이우즈(Fouillouse, 1907m)이다. 이 마을도 전화가 불통일 정도로 오지에 속하는데, 발로네 고개(Col du Vallonnet, 2524m)까지 줄곧 오르막이며 2500미터 고지의 황량한 알파인 지대를 한 시간 반 정도 걸어야 말러모르 고개(Col de Mallemort, 2558m)에 이른다. 고개 아래에 옛 군사시설이 있는데, 로마시대부터 사용된 성곽이 폐허로 방치되어 있다. 성곽 안의 막사 하나는 대피소로 충분히 사용할 정도다. 고개 너머 하산길은 줄곧 라흐쉬를 보며 걷는데, 다음날 구간인 라흐쉬 고개 쪽 계곡이 훤히 보인다.

말자쎄에서 차도를 따라 반 시간도 걷지 않아 라 바지 마을이고 계속해서 도로를 따라 걸어내린다. 도중에 다리 몇 개를 건너고 차도 옆 트레킹 루트가 따로 있는 구간도 있지만 줄곧 도로를 따라 내린다. 한 시간 내려가면 생 당투완느(St Antoine)인데, 집 몇 채가 있는 중앙에 교회가 하나 있다. 다시 반 시간 걸어내려 삼거리에서 좌측 위로 올라 협곡 위에 놓인 멋진 돌다리(Pont du Châtelet, 1625m)를 건너면 얼마 후 푸이우즈로 오르는 도로에서 벗어나 가파른 산길을 따라 오른다. 반 시간 이상 올라 산허리를 돌면 푸이우즈 마을이다. 마을 입구에 식당겸 숙소가 있고 조금 위에 가게가 하나 있다. 이후 한동안 계곡을 따라 줄곧 오르막이고 한 시간 오르면 목장이 나타난다. 도중에 폐허가 된 군사시설도 있다. 다시 한 시간 올라야 발로네 고개다. 고개 너머 발로네 호수 쪽으로 길이 나 있는데, 8월 말경에는 호수가 말라 있는 경우가 많아 말러모르 고개를 넘어 라흐쉬까지 물 한방울 없는 경우에 대비해야 한다. 한 시간 알파인 지대의 산허리길을 가야 넓은 군용 산판도로가 있는데, 20분 오르면 옛 성터가 폐허가 된 채 남아 있다. 잠시 후 말러모르 고개를 넘으면 라흐쉬가 발 아래 보이는데, 수월한 편이다. 마을 위 라흐쉬 고개(1991m)가 프랑스-이태리 국경이라 2차 세계대전에서 완전히 파괴된 적이 있는 라흐쉬 마을 위에 여행자 숙소와 캠핑장이 있다.

Fouillouse(1907m) : 여행자 숙소 하나와 작은 가게가 하나 있다.
Gîte les Granges : tel. 04 92 84 31 16)
Larche(1670m) : www.haute-ubaye.com
Gîte le Refuge : tel. 04 92 84 30 80 마을 위 외곽에 캠핑장이 있다.

20 구간

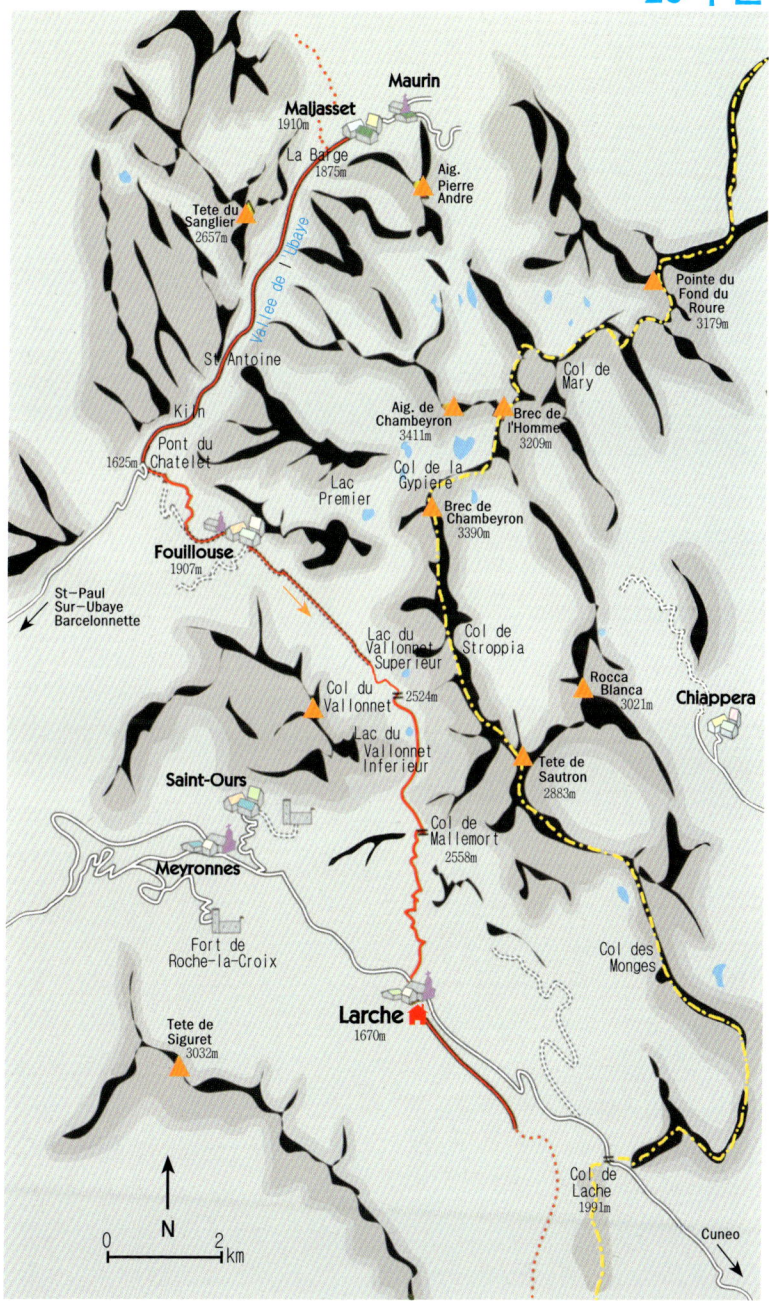

말자쎄에서 두 시간 가까이 줄곧 계곡을 따라 내려야 한다.

라 바지(La Barge)

말자쎄에서 한 시간 이상 내려가면 생 당투완느(St Antoine)인데, 집 몇 채가 있는 중앙에 교회가 하나 있다.

생 당투완느 아래에서 본, 협곡 위에 놓인 돌다리(Pont du Châtelet, 1625m)가 보인다.

108미터 높이 위에 27미터 길이의 아치형으로 1882년에 만들어졌다.

돌다리(Pont du Châtelet, 1625m)를 건너 도로에서 벗어나 오르막을 한 시간도 오르지 않아 푸이우즈(Fouillouse, 1907m)에 도착한다. 식당겸 여행자 숙소와 작은 가게가 하나 있다. 이 마을에서도 전화통화가 되지 않는다.

운치 있는 식당겸 산장

이 마을은 또다른 큰 트레킹 코스 (GR6)가 지나간다. 트레커 앞에 이 정표가 있다. GR5보다 긴 코스이다.

푸이우즈(Fouillouse, 1907m) 마을 위. 줄곧 계곡을 따라 오른다.

푸이우즈(Fouillouse, 1907m)에서 한 시간 오르면 목장이 나타나는데, 발로네 고개(Col du Vallonnet, 2524m)를 넘어오는 트레커들.
한 시간 더 올라야 발로네 고개다.

발로네 고개(Col du Vallonnet, 2524m)를 넘은 두 트레커.

여름시즌 후반인 8월 이후에는 발로네 고개(Col du Vallonnet, 2524m)에서 말러모르 고개(Col de Mallemort, 2558m)를 넘어 라흐쉬에 이르는 구간에서 물을 구하기 쉽지 않다. 8월 말에 보니 발로네 호수가 말라 있었다.

말러모르 고개

비헤쓰 성곽(군막사),
바하끄망 더 비헤쓰(Baraquements de Viraysse)

발로네 고개(Col du Vallonnet, 2524)에서 한 시간 가면 있는, 말러모르 고개(Col de Mallemort, 2558m) 아래의 성곽 지붕 있는 막사는 트레커가 하루 묵어 수 있는 대피소로 이용할 수 있다.

말러모르 고개(Col de Mallemort, 2558m)에서 라흐쉬까지 하산길은 수월하다. 라흐쉬 계곡 위 산능선이 국경이다.
말러모르 고개 동쪽 정상(Tete de Viraysse)에도 군사시설로 사용된 허물어진 성채가 있다.

아픈 전쟁의 역사를 간직하고 있는 라흐쉬. 동사무소 앞 뜰에는 2차대전 때 유일하게 파괴되지 않은 1차대전 기념비가 있다. 식당과 여행자 숙소가 있고 마을 위 캠핑장에 작은 상점이 있다.

21 구간　라흐쉬 - 생 달마스 러 셀바즈

Larche(1670m) – 까발르 고개(Pas de la Cavale, 2671m) : 4h20(+996m)
Pas de la Cavale(2671m) – 푸르쉬 고개(Col des Fourches, 2262m) : 1h30(-601m/+192m)
Col des Fourches(2262m) – 꼴롱비에르 고개(Col de la Colombiere, 2237m) 2h(-379m/+354m)
Col de la Colombiere – Saint Dalmas le Selvage(1500m) : 2h(-737m)

거리 : 약 30km / 시간 : 9h50
등행고도 : +1542m / 하행고도 : -1717m

하루 일정으로 빠듯할 정도로 긴 이 구간에서는 3개의 고개를 넘어야 한다. 라흐쉬에서 동남으로 이어진 계곡 옆길을 따라 오르는 GR5는 메흐깡투흐(Mercantour) 국립공원에 접어들게 된다. 산판도로를 따라 한 시간 이상 걸어 주차장이 있는 퐁 루즈(Pont Rouge, 1907m)에 도착하면 소박한 국립공원 입구에서부터 마모트가 반긴다. 계곡 위 첫 고개까지 두 개의 멋진 알파인 호수를 지나게 되고 이 고개 너머부터 GR5는 줄곧 티네 계곡(Vallee de la Tinée)을 옆에 끼고 니스까지 이어진다. 이후부터 지중해의 영향을 크게 받아 한낮에는 어김없이 뭉게구름이 몰려와 간혹 오후에 비를 뿌리기도 한다. 두 번째 고개로 이어지는 구간은 프랑스와 이탈리아 접경지대로서 폐허가 된 군사시설들을 마주치곤 한다. 마지막 고개는 한층 오르기 수월한데, 고개 너머 하산길은 수월한 반면 좁고 한낮의 태양열이 한층 강렬하게 느껴지겠지만 생 달마스 러 셀바즈 마을 뒤에 우뚝 솟은 바위 봉우리들은 돌로미테의 침봉들을 연상시킨다.

　라흐쉬 마을을 벗어나 도로를 따라 조금 가면 여행자숙소가 있고 좀 더 가면 캠핑장이 있다. 캠핑장에 작은 매점도 있다. 여기서 한 시간 더 차도를 따라가 퐁 루즈에 이르고 계곡을 끼고 한 시간 반 이상 오르면 로자니 호수(Lac du Lauzanier, 2284m), 바위언덕 하나를 더 오르면 데히에흐 라 크호와 호수(Lac de Derrière la Croix, 2428m)가 있다. 이후 왼편으로 이어진 거대한 돌사태 사면을 대각선으로 오르면 까발르 고개(Pas de la Cavale, 2671m)이고 가파른 돌길을 조심해서 걸어내리면 아담한 아넬 호수(Lac d'Agnel)가 반긴다. 한동안 알파인 둔덕을 걸어내려 건천을 건너면 비를 피할 수 있는 오두막이 있다. 뒤편 언덕을 오르면 곳곳에 군용요새가 있는 푸르쉬 고개(Col des Fourches, 2262m)다. 고개 뒤로 돌아가면 군인 막사로 쓰인 폐가들 사이로 하산길이 이어지고 반 시간 이상 하산해 부시에야(Bousieyas, 1883m)에 이른다. 식당과 산장이 있다. 계곡 건너 꼴롱비에르 고개(Col de la Colombiere, 2237m)로 이어진 길은 수월하다. 한 시간 반 걸리고 고개 너머 하산길은 좁으며 산비탈을 좌측으로 크게 우회해 중간 높이에서 우측으로 우회해 마을로 내려간다.

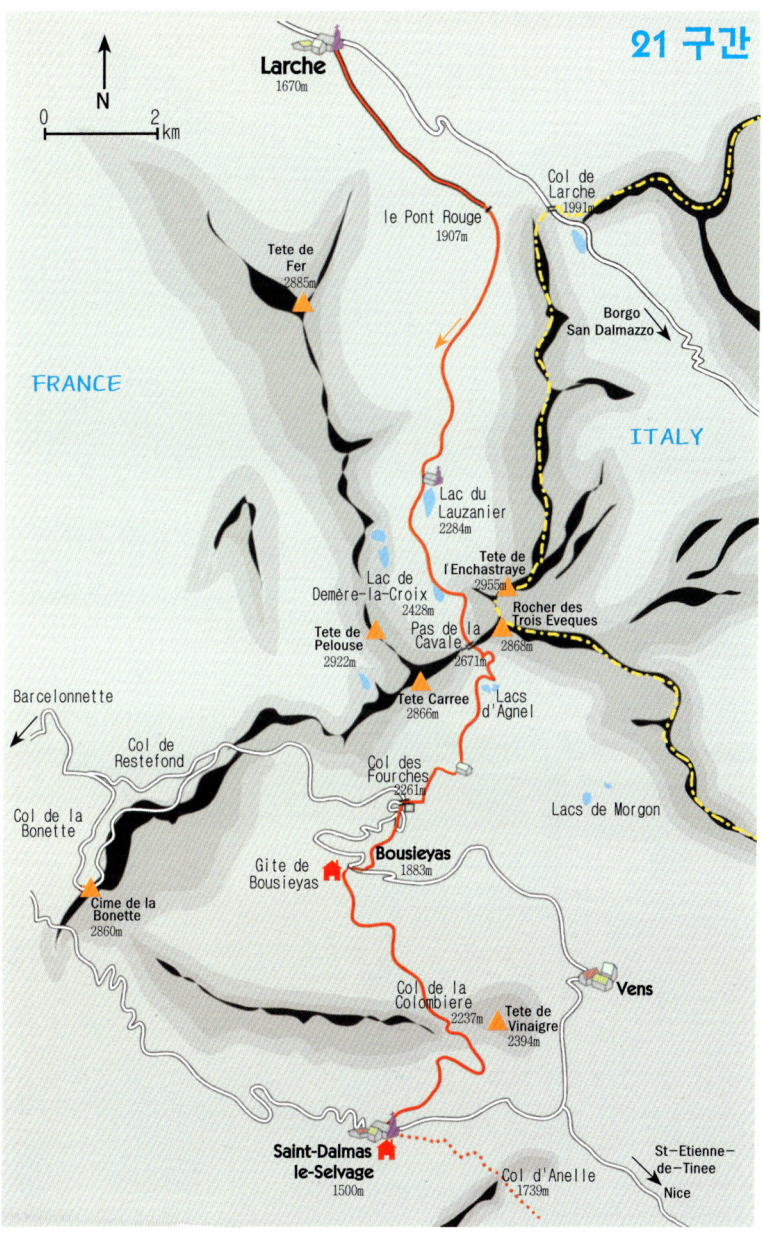

Saint Dalmas le Selvage(1500m) : www.saintdalmasleselvage.com
Gîte d'etape de Saint Dalmas le Selvage : tel. 04 93 02 44 61

라흐쉬 마을을 벗어나 도로를 따라 조금 가면 여행자숙소가 있고 좀 더 가면 캠핑장이 있다. 캠핑장에 작은 매점도 있다.

가족이 메흐깡투흐(Mercantour) 국립공원 입구인 퐁 루즈(Pont Rouge, 1907m)로 내려간다.

메흐깡투흐(Mercantour) 국립공원 입구인 퐁 루즈(Pont Rouge, 1907m). 길 좌우에는 마모트의 천국일 정도로 많은 마모트들이 길손을 반긴다.

퐁 루즈(Pont Rouge, 1907m)에서 한 시간 반 거리인 로자니 호수(Lac du Lauzanier, 2284m) 아래.

까발르 고개

로자니 호숫가에 트레커들이 쉬고 있다.

로자니 호수(Lac du Lauzanier, 2284m) 옆 언덕에 작은 예배당이 있다.

까발르 고개(Pas de la Cavale, 2671m)에 오르면서 돌아보면 데히에흐 라 크흐와 호수(Lac de Derrière la Croix, 2428m)가 내려다보인다.

까발르 고개(Pas de la Cavale, 2671m)에 오르는 라흐쉬 주민. 그는 부인과 함께 운동삼아 두 시간만에 올라왔다.

까발르 고개(Pas de la Cavale, 2671m)에 오른 라흐쉬의 부부. 오를 때마다 돌을 하나씩 얹었다고. 부인은 동생이 서울에 산다고도.

까발르 고개

까발르 고개(Pas de la Cavale, 2671m) 아래에 아담한 호수(Lac d'Agnel)가 둘 있다.

까발르 고개

오두막

까발르 고개

오두막

푸르쉬 고개(Col des Fourches, 2262m) 뒤로 돌아가면 군인 막사로 쓰인 폐가들 사이로 하산길이 이어진다.

이 도로를 따라가면 보네트(Cime de la Bonette, 2860m)를 넘는 길인데, 자동차나 오토바이, 자전거로 오를 수 있는, 그들의 로망인 알프스에서 가장 높은 고개다.

푸르쉬 고개(Col des Fourches, 2262m) 뒤로 돌아가면 1890년대에 지은 군용막사 사이로 하산길이 이어진다. 지중해가 가까워지면서 한낮에는 뭉게구름이 피어올라 오후에 간혹 비를 뿌리기도 한다.

자동차로 오를 수 있는 알프스에서 가장 높은 고개 보네트(Cime de la Bonette, 2860m)에서 내려오는 이들.

Col de la Colombiere(2237m)

부시에야 (Bousieyas, 1883m)

아넬르 고개(Col d'Anelle, 1739m)

까발르 고개

꼴롱비에르 고개(Col de la Colombiere, 2237m) 너머로 앞으로 넘을 고개와 계곡들이 보인다.

꼴롱비에르 고개 너머로 이제껏 넘어온 고개들이 보인다.

Saint Dalmas le Selvage(1500m)

22 구간   생 달마스 러 셀바즈 - 호야

Saint Dalmas le Selvage(1500m) − 아넬르 고개(Col d'Anelle, 1739m) : 1h(+239m)
Col d'Anelle(1739m) − 생 에티엔느 더 티네(Saint Etienne de Tinée, 1144m) : 1h20(−595m)
Saint Etienne de Tinée(1144m) − 블레농 고개(Col du Blainon, 2011m) : 3h20(+867m)
Col du Blainon(2011m) − 호야(Roya, 1500m) : 1h(−511m)

거리 : 약 25km / 시간 : 6h40
등행고도 : +1106m / 하행고도 : −1106m

한층 지중해가 가까워지는 분위기 속에 걷게 되는데, 이제껏 넘은 고개들보다 낮은 고개 둘을 넘으면서 큰 산악마을들을 통과하는 구간이다. 생 에티엔느 더 티네는 15세기부터 지어진 큰 교회를 중심으로 번창한 이 지역의 중심 산간마을로서 각종 편의시설이 갖춰져 있으며, 멋진 휴양산악마을 오롱(Auron, 1602m)은 스키뿐 아니라 산악자전거 등의 스포츠를 즐기기 좋은 휴양지이기에 니스 등에서 이 마을로 오는 교통편이 편리한 편이다. GR5 코스를 나누어 걷는다면 마지막 한 구간은 여기서부터 시작해도 좋을 것 같다. 전체적으로 길은 수월하고 각 마을마다 숙식을 해결하기 좋은 구간이다.

생 달마스 러 셀바즈 마을 중심에서 아래로 내려오면 교회가 있는데, 교회 우측 아래로 GR5는 이어지고 곧 다리를 건너 산판도로는 비스듬히 오른다. 꼴 다넬르(1739m)까지 줄곧 산판도로를 따르는데, 한 시간만에 고갯마루에 오르면 멋진 캠프지가 있고 식수도 흐른다. 고갯마루에서 한동안 좌측 산판도로를 따라 비스듬히 올라 산허리를 돌면 계곡으로 내리막이 시작되는데, 곧 생 에티엔느 더 티네가 내려다보인다. 줄곧 마을을 내려다보며 한 시간 이상 걸어내리면 꽤 큰 산간마을을 지나게 된다.
각종 편의시설이 갖춰진 산간마을 중앙을 지나 마을을 벗어나 반 시간 가면 생 모흐 예배당(Chapelle St Maur, 1200m)이 있고 가파른 숲길을 한 시간 이상 올라 오롱 마을에 이른다. 중심가를 지나 관광정보센터 옆으로 마을을 벗어나 산판도로를 따라 오르면 곤도라 리프트 역이 있고 그 위로 이어진 전나무 숲길을 한 시간 반 이상 오르면 블레농 고개(2011m)다.
블레농 고개에서 호야 마을로 하산은 완만하게 산허리를 돌아가게 되는데, 도중에 목장으로 사용하는 오랜 오두막들을 여기저기 만나게 된다. 약 한 시간만에 도착하는 작은 마을 호야 뒤로 다음 구간으로 올라야 하는 계곡이 바로 건너다보인다. 호야는 숙식을 해결할 수 있는 여행자숙소가 하나뿐인 작은 마을이다.

22 구간

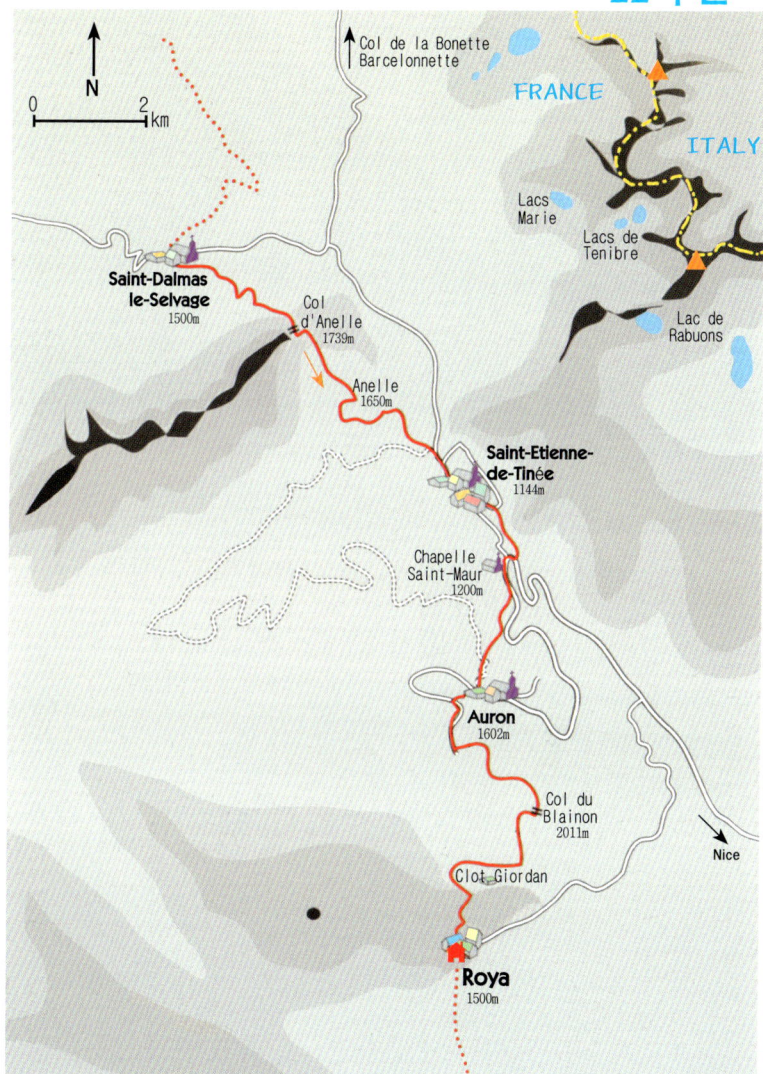

Saint Etienne de Tinée(1144m) : 각종 편의시설들이 갖춰진 큰 마을로서 15세기경에 세워진 큰 성당도 있고 니스 공항행 버스도 다닌다.
Auron(1602m) : 스키 및 자전거로 유명한 휴양마을 www.auron.com
Roya(1500m) : 작은 산간마을
Gîte-auberge l'Estive(tel. 04 93 02 02 44)

Saint Dalmas le Selvage(1500m).
마을 아래에 있는 교회 우측으로 길이 이어진다.

교회 아래의 다리를 지나 꼴 다넬르 (1739m)까지 줄곧 산판도로를 따르는데, 한 시간만에 고갯마루에 오르면 멋진 캠프지가 있고 식수도 흐른다.

꼴 다넬르(1739m)에서 한동안 좌측으로 산판도로를 따라 비스듬히 올라 산허리를 돌면 계곡으로 내리막이 시작되는데, 곧 생 에티엔느 더 티네가 내려다보인다.

이 지역에서 가장 큰 마을 생 에티엔느 더 티네(1144m). 크고 작은 성당들은 15세기부터 지어졌다고.

생 에티엔느 더 티네(1144m)의 골목. 좌우로 꽤 오래된 5층 가옥들이 늘어서 있다.

Auron(1602m)

오롱 관광센터 뒤로 길이 이어진다.

블레농 고개(Col du Blainon, 2011m) 가는 길.

까발르 고개
(Pas de la Cavale, 2671m)

블레농 고개(Col du Blainon, 2011m)로 오르는 트래커.
저 멀리 3일 전에 넘은 까발르 고개가 보인다.

블레농 고개(Col du Blainon, 2011m)
에서 하산하는 트레커들.

블레농 고개(Col du Blainon, 2011m)에서
하산하는 곳곳에 폐가가 된 오두막들이 있다.

·만하게 산허리를 돌아가게 되는데,
·장으로 사용하는 오랜 오두막들을
기저기 만나게 된다.

고개에서 한 시간만에 도착하는 작은 마을 호야에는 숙식을 해결할 수 있는 여행자숙소가 하나뿐이다.

23 구간   호야 - 롱공 산장

호야(Roya, 1500m) - 크루제트 고개(Col de Crousette, 2480m) : 3h50(+980m)
Col de Crousette(2480m) - 물린느 고개(Col des Moulines, 1982m) : 1h30(+107m/-605m)
Col des Moulines(1982m) - 롱공 산장(Refuge de Longon, 1883m) : 1h35(-296m/+197m)

거리 : 23km   시간 : 7h
등행고도 : +1284m   하행고도 : -901m

꽤 높은 크루제트 고개(2480m)를 넘긴 하지만 한층 지중해에 가까워지는 만큼 한낮부터 피어오르는 뭉게구름에 오후에는 간혹 소나기나 내리기도 하고 저지대의 태양열이 제법 강하게 느껴지는 구간이다. 하지만 이 구간은 상대적으로 높은 고지대에서 이동하므로 시야가 트여 이전의 알파인 지대 못지 않는 즐거움을 가질 수 있는 구간이다. 니스가 있는 지중해 쪽 산줄기와 티느 계곡(Vallee de la Tinée)이 한눈에 들어오며 이 구간만은 메흐깡투흐(Mercantour) 국립공원에 속하기에 그 이유를 알게 될만큼 이전과는 사뭇 다른 풍경을 접하게 된다.

마을 아래 교회 오른편으로 내려가는 오솔길을 따르면 곧 개울을 건너는 다리가 나타나고 곧바로 오르막이 시작된다. 협곡 옆을 끼고 오르는 길을 한 시간 이상 오르면 전나무 숲을 빠져 나오고 개울을 지나는 다리를 건너 계속해서 풀밭을 오르면 호야에서 두 시간만에 목장 오두막(Cabane de Sallevieille, 1955m)이 나타난다. 오두막 뒤 개울을 지나 지그재그 오르막을 반 시간 이상 오르면 넓은 풀밭이 있는데, 그 가운데도 오두막이 하나 있다. 여기까지 물을 구할 수 있으며, 이후 알파인 모레인 돌밭이 이어진다. 호야에서 4시간 가까이 올라 크루제트 고개에 오르면 남쪽으로 시야가 트이고 왼편 위로 길이 이어진다. 길은 몽 무니(Mont Mounier, 2817m) 남쪽 능선 언덕(2587m)으로 이어지는데, 전망이 확 트이는 언덕에는 전승기념비가 세워져 있다.

능선을 따라 몽 무니 쪽으로 조금 가다 오른편 아래로 하산길이 이어지고 드넓은 언덕에 길이 뚜렷하게 나 있다. 황량한 알파인 돌밭을 지나 한 시간 반만에 물린느 고개에 내려서게 된다. 왼편 계곡으로 내려서면 키 작은 전나무들이 나타나고 곧 작은 개울을 지나게 된다. 이후 산허리를 따라 반 시간 횡단하게 되는데, 오른편 아래에 마을(Vignols)을 끼고 걷게 된다. 다시 개울을 하나 지나면서부터 오르막이 시작된다. 언덕 위의 암벽지대는 오랜 풍화작용으로 이전의 알파인 벽들과는 사뭇 다른 풍경을 안겨준다. 마치 돌로미테의 석회암벽과 같은 이상한 형태의 바위탑들이 도열해 있다.

23 구간

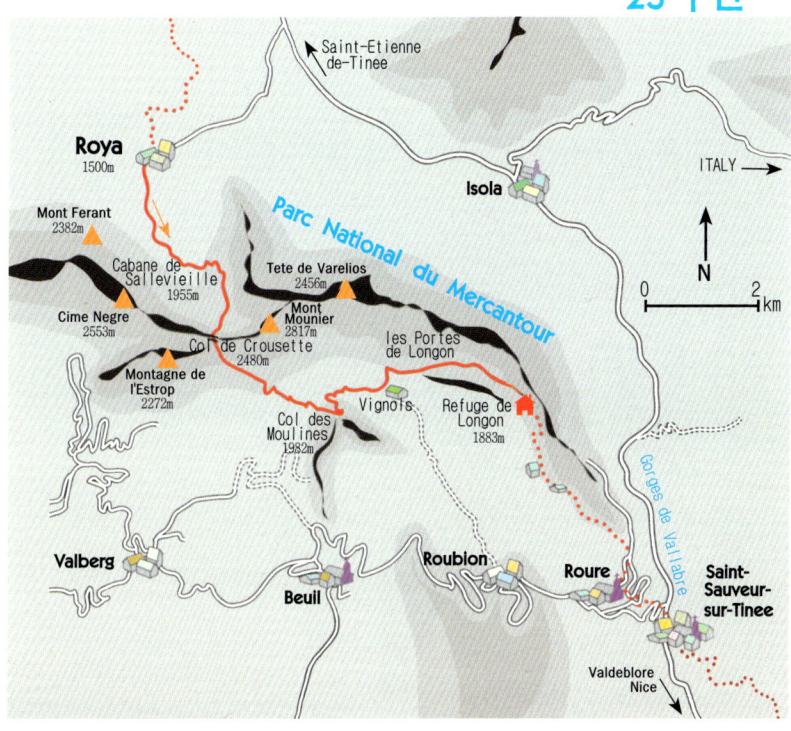

반 시간 이상 오르막을 오르면 다시 작은 개울을 지나게 되는데, 꽤 넓은 알파인 풀밭 목장지대가 나타난다. 가파른 바위벽 위에 펼쳐져 있는 초원에 소들이 한가롭게 풀을 뜯고 있는 정경이 아름답다. 이후 초원 중앙으로 곧바로 나 있는 길을 따라 걸어내리면 롱공 산장이다.

Refuge de Longon(1883m) : tel. 04 93 02 83 99

크루제트 고개

숙식을 해결할 수 있는 여행자숙소가 하나뿐인 작은 마을 호야에서 마을 건너편 계곡 위로 올라야 한다.

마을 아래 성당 우측으로 내려가 다리를 건너면 곧바로 오르막이 시작된다.

호야에서 한 시간 이상 오르면 전나무 숲에서 벗어난다.

호야에서 두 시간 오르면 목장 오두막(Cabane de Sallevieille, 1955m)이 나타난다.

목장 오두막(Cabane de Sallevieille, 1955m)을 지나 지그재그 오르막을 오르면 넓은 풀밭이 나타나는데, 오두막이 하나 더 있다. 여기까지 물을 구할 수 있다.

크루제트 고개

마지막 오두막이 있는 풀밭을 지나면 크루제트 고개까지 줄곧 돌밭이다.

크루제트 고개(2480m)

호야에서 4시간 가까이 올라 크루제트 고개에 오르면 남쪽으로 시야가 트이고 왼편 위로 길이 이어진다. 길은 몽 무니(Mont Mounier, 2817m) 남쪽 능선 언덕(2587m)으로 이어진다.

전망이 확 트인 몽 무니(Mont Mounier, 2817m) 남쪽 능선 언덕(2587m)에는 전승기념비가 세워져 있다.

몽 무니(Mont Mounier, 2817m) 남쪽 능선 언덕(2587m) 아래의 돌밭 사이로 길이 뚜렷하게 남쪽으로 나 있다. 왼편 높은 산들은 메흐깡투흐 국립공원지역이다. 지중해 쪽으로 낮아지는 산줄기가 보인다.

물린느 고개(1982m)
물린느 고개(1982m)에 이르면 전나무가 나타나고 가파른 사면 아래 개울을 지나 마을(Vignols)위의 산허리를 돌아가면 다시 오르막을 올라야 한다.

롱공 산장(1883m)으로 뻗은 초원.

롱공 산장(1883m) 오르막길에는 돌로미테의 석회암벽 같은 다양한 형상의 바위벽들이 많다.

롱공 산장(1883m)

24 구간   롱공 산장 - 생 달마스 발더블로르

Refuge de Longon(1883m) – 후르(Roure, 1096m) : 2h20(-787m)
Roure(1096m) – 생 소베르 쉬르 티네(Saint-Sauveur-sur-Tinée, 496m) : 1h30(-600m)
Saint-Sauveur-sur-Tinée(496m) – 항쁠라스(Rimplas, 1016m) : 1h40(+520m)
Rimplas(1016m) – 생 달마스 발더블로르(Saint Dalmas Valdeblore, 1290m) : 2h10(216m/+490m)

거리 : 27km /   시간 : 7h40
등행 : +1010m / 하행 : -1603m

니스까지 곧장 흘러내리는 티네 계곡(Vallée de la Tinée) 바닥까지 내려갔다가 반대편 언덕으로 오르면서 여러 산간마을들을 경유하는 구간이다. 티네 계곡 바닥에 위치한 생 소베르 쉬르 티네나 이 구간의 끝인 생 달마스 발더블로르에서는 니스행 교통편이 편리한 편이라 운행을 조정할 수 있다. 롱공 산장에서 후르 마을까지 처음엔 조금 가파른 산길을 걸어내리지만 곧 당나귀도 다닐 수 있을만큼 편리한 길을 따라 절벽 위에 자리잡은 후르 마을에 이르고 꽤 오래 전부터 이용된 지그재그 오솔길을 따라 계곡 바닥에 닿는다. 다시 오르는 길은 가파르지만 마을 외곽 오솔길을 따르고 절벽을 깎아 만든 산판도로를 따라 함쁠라스로 올라 생 달마스까지 마을에서 마을로 이어지는 길을 따라 오른다. 시간적인 여유가 있다면 각 마을들을 둘러보는 재미도 있을테고 한두 마을은 외곽으로 바로 지나가기에 마을 안으로 들어가 오래된 돌집과 골목, 텃밭 등을 둘러보면 알프스 산골 사람들의 삶을 조금은 엿볼 수 있다.

 롱공 산장 아래 풀밭을 조금 지나면 곧장 지그재그 하산길이 이어지고 전나무 숲을 따라 산허리를 돌아내리면 다리 하나를 지난다. 한 시간 조금 더 걸어 숲 사이의 목축지대(Rougios, 1467m)에 오두막이 몇 채 있으며 곧 넓은 산판도로가 나타난다. 이 길을 따라 산허리를 돌아내려가면 후르 마을인데, 마치 군사적인 요새처럼 티네 계곡을 곧바로 내려다볼 수 있는 언덕에 위치해 있다. 물이 귀한 언덕바지의 마을이라 잘 정비된 관개수로를 따라 어디선가 끌어온 물이 마을 중심가를 관통하며 흐르는 멋진 산간마을이다. 마을을 벗어나면 오랜 세월의 지그재그 오솔길이 계곡 바닥까지 이어져 있다. 한 시간 반 걸리는 생 소베르 쉬르 티네는 교통이 편리하고 각종 편의시설이 잘 갖춰져 있어 시간이 여의치 않으면 이곳서 하룻밤 묵어가도 좋다. 높은 지대의 마을에 비해 물가가 저렴하다.
 이후 길은 마을 아래 도로에서 왼편 위로 이어지고 곧 도로를 벗어나 숲속 지그재그 길을 오른다. 곧 작은 성당(Chapelle St Roch)을 지나고 오솔길을 따라 계속 오르면 가파른 절벽을 깎은 산판도로가 항쁠라스까지

24 구간

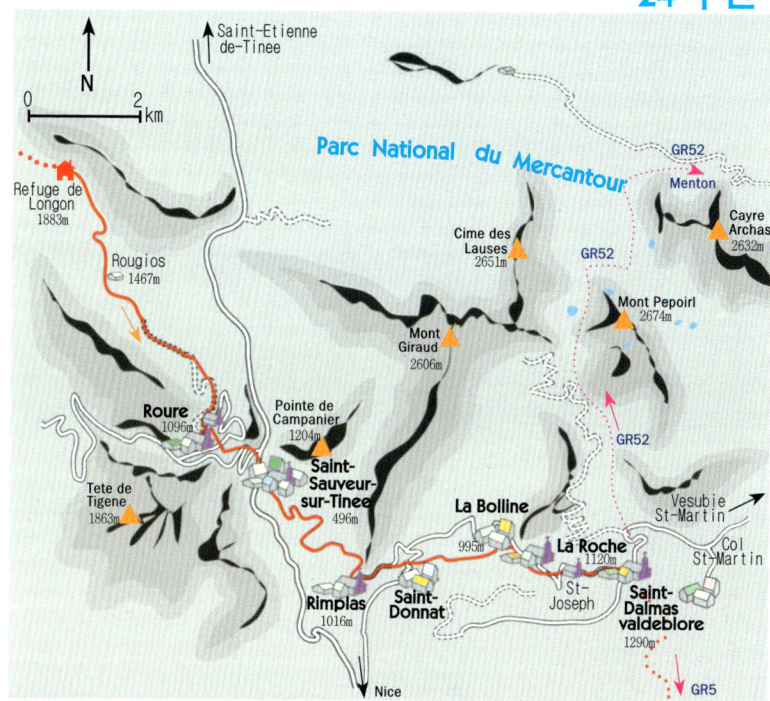

이어진다. 시야가 트이는 주변 산줄기와 계곡은 이제 한국의 어느 산골처럼 평이해지는데, 대부분 2000미터 아래의 산들이 펼쳐져 있기 때문이다. 계곡 바닥에서 2시간이 채 걸리지 않아 항쁠라스에 이르면 그 너머로 곧 가야 하는 마을들이 시야에 들어온다. 이후 크게 고도를 낮추는 내리막길은 없고 산허리를 돌고 마을 외곽의 숲길을 오르내리면서 동쪽으로 이동한다. 도중에 라 볼린느(La Bolline, 995m) 마을 외곽을 지나게 되는데, 꽤 큰 이 마을을 둘러봐도 좋을 것 같다.

이후 길은 여기저기 흩어져 있는 마을 외곽의 샬레들 사이의 오솔길을 따라 오른다. 라 호쉬(La Roche, 1120m) 마을도 지나 생 달마스 발더블로르에 이른다. 마을 입구에 멋진 캠핑장이 있으며 좀 더 오르면 중심가에 식당과 식료품점 등이 있다. 여행자숙소는 마을을 벗어나는 위쪽에 있다. 알파인 휴양지인 이 마을에서도 온갖 편의시설들이 잘 갖춰져 있다.

Saint-Dalmas-Valdeblore(1290m) :
Gîte communal de Saint-Dalmas-Valdeblore : tel. 04 93 02 82 86

양지바른 풀밭에 위치한
롱공 산장(1883m)

롱공 산장(1883m)에서 개울을 따라 얼마 내려가지 않아 급경사의 내리막이 시작된다.

한동안 티네 계곡을 내려다보며 내려가다가 전나무 숲을 끼고 산 허리길을 돌아가면 목초지대에 오두막들이 있는 후지오스(Rougios, 1467m)가 나타난다. 식수를 구할 수 있다.

후지오스(Rougios, 1467m)

후르 마을(Roure, 1096m)

마을 중심에
위치한 성당.

후르 마을의
골목길

후르 마을(Roure, 1096m)에서 한 시간 반 지그재그 오솔길을 따라 내리면 생 소베르 쉬르 티네(496m) 마을이다. 니스까지 곧장 흘러내리는 티네 계곡 바닥에 위치한 교통의 요지인 이 마을에는 각종 편의시설이 잘 갖춰져 있으며 물가도 저렴하다. 식료품점에 문의하면 저렴한 여행자 숙소를 알 수 있다. 아래 사진은 빵집 앞이며 (위 사진) 마을 건너편 위로 오르면 함뻘라스 쪽이다.

생 소베르 쉬르 티네(496m)의 골목

생 소베르 쉬르 티네(496m) 아래에서 시작한 오솔길을 조금 오르면 예배당(Chapelle St Roch)이 있다.

생 소베르 쉬르 티네(496m)에서 한 시간 이상 오솔길과 숲길을 지나 시야가 트일 즈음 절벽을 깎아 만든 산판도로가 나오고 전망 좋은 언덕에 위치한 항 쁠라스가 보이기 시작한다.

1000미터 고지의 양지바른 언덕에 위치한 항쁠라스(1016m)는 얼핏 보아도 살기 좋은 마을이다. 마을 시청앞.

항쁠라스(1016m)에서 이제 길은 산허리길을 돌고 돌아 각 마을을 지나 생 달마스에 이르게 된다. 저 멀리 계곡 위에 생 달마스가 있다.

생 달마스 한 시간 전에 위치한 마을(La Bolline, 995m)에서 항쁠라스 쪽으로 돌아본 풍경.

La Bolline(995m) 골목

라 볼린느(995m) 성당

라 볼린느(La Bolline, 995m)에서 만난 현지인. 그는 몇 년 전에 니스에서 출발해 남쪽에서 북쪽으로 GR5를 걸었다고 했다.

생 달마스 발더블로르(1290m).
꽤 큰 휴양마을이라 각종 편의시설들이 갖춰져 있다. 마을 입구에 캠핑장이 있고 중앙에 식당 및 식료품점이 있으며 마을 위에 여행자 숙소(지뜨)가 있다. 시간적인 여유를 가지고 옛 골목길을 둘러볼 만하다.
한편 이 마을에서 남쪽 니스로 가는 GR5 대신 북쪽으로 방향을 틀어 메흐칸투흐 국립공원을 좀 더 둘러보고 지중해(망통, Menton)로 가는 GR52를 걸을 수도 있다.

25 구간   생 달마스 발더블로르 - 위뗄르

Saint-Dalmas-Valdeblore(1290m) – 꼴 데 되 께르(Col des Deux Caïres, 1921m) 1h50(+631m)
Col des Deux Caïres(1921m) – 레 그랑쥬 더 라 브라스끄(Les Granges de la Brasque, 1680m) : 2h30(+72m/-313m)
Les Granges de la Brasque(1680m) – 꼴 데 푸르네스(Col des Fournés, 1351m) : 1h15(+10m/-339m)
Col des Fournés(1351m) – 브레슈 디 브레끄(Brèche du Brec, 1520m) : 1h20(+169m)
Breche du Brec(1520m) – 위뗄르(Utelle, 821m) : 1h45(-699m)

거리 : 약 29km / 시간 : 8h50
표고차 : +1055m / -1525m

하루 일정으로 빠듯한 꽤 긴 일정의 구간으로서 지도상으로 보면 훨씬 더 길어 보인다. 또한 도중에 하루 일정을 마치고 쉴만한 산장이나 마을도 없고 중간에서 탈출도 용이하지 않다. 그럼에도 길은 수월한 편이다. 긴 오르막은 이른 아침에 오르게 되는데, 상쾌한 공기를 마시며 2시간 이상 오른 후부터 시원하게 트인 전경을 보며 남쪽으로 뻗어내린 산줄기를 따르면 된다. 가파르고 험한 산줄기를 따라 걷지만 심지어 바위 봉우리도 있지만 트레킹로는 산정과 산허리를 편하게 오르내리며 횡단할 수 있도록 잘 이어져 있다. 목적지 위뗄르는 마지막 고개를 넘고서도 한참 하산해 마지막 산모퉁이를 넘을 때까지 보이지 않는다.

 마을 위 교회 남쪽 공터에서 시작한 GR5는 마을을 벗어나 남측 산기슭으로 곧장 오른다. 가파른 전나무 숲을 줄곧 올라 꼴 데 되 께르(1921m)에 이르면 시야가 훤히 트이며 이후 줄곧 산능선을 따라 남쪽으로 향하게 된다. 한 시간 이상 걸으면 갈림길(Baisse de la Combe, 1910m)이 있고 또 한 시간 이상 걸어 레 그랑쥬 더 라 브라스끄(1680m)에 내려선다. 목장이 있는 이 마을을 지나면 길가에 시원한 음수대가 있다. 계속해서 산판도로를 따라 반 시간 가면 앙드히옹 고개(Col d'Andrion, 1690m)가 있고 산판도로를 끼고 내리막으로 이어진 길은 반 시간 더 걸어 푸르네스 고개(1351m)에 이른다. 전나무숲 사이로 난 산허리길이 계속 이어지고 브레끄 위뗄르(1604m) 암봉이 가까워져 돌길을 올라 브레끄 안부(Brèche du Brec, 1520m)에 서면 뒤로 이제껏 걸어왔던 산줄기와 몽무니 쪽이 보이고 반대편인 남쪽으로는 앞으로 걸을 지중해와 니스 해안가가 어렴풋이 보인다.
 한동안 가파른 돌길을 걸어내리고 완만한 산허리길을 한 시간 돌아가면 마지막 고갯마루(Col du Castel Gineste, 1220m)가 나타난다. 고개 너머 계곡 쪽으로 향하는 산허리를 돌고 돌아 마침내 산언덕 끄트머리에 자리잡고 있는 위뗄르에 이르게 된다.

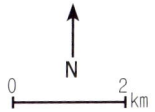

25 구간

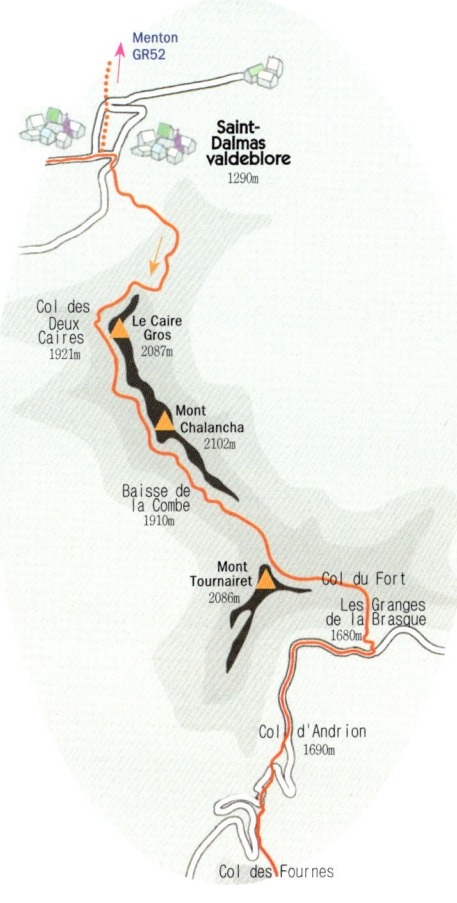

Utelle(821m) :
편의시설들이 잘 갖춰져 있는 아담한 마을이다.

꼴 뒤 바헤흐(Col du Varaire, 1710m)

생 달마스에서 한 시간 이상 오르면 꼴 뒤 바헤흐(Col du Varaire, 1710m)에 이르게 되고 여기서 반 시간 이상 오르면 꼴 데 되 께르(Col des Deux Caïres, 1921m)에 이른다.

꼴 데 되 께르(Col des Deux Caïres, 1921m)

꼴 데 되 께르(1921m)

꼴 데 되 께르(1921m)에서 남쪽으로 이어진
산허리길과 능선을 줄곧 따르면 된다.

꼴 데 되 께르(1921m)를 뒤로 하고.

남쪽으로 이어진 산허리길과 능선을 따라.

꼴 데 되 께르(1921m)에서 한 시간 이상 걸어 베스 더 라 콩브(Baisse de la Combe, 1910m)에 이른다.

Baisse de la Combe
1910m

Col des Deux Caires
St-Dalmas-Valdeblore

꼴 데 되 께르(1921m)에서 2시간 반 걸리는 목장(Les Granges de la Brasque, 1680m).

집이 몇 채 있는 목장(Les Granges de la Brasque, 1680m)을 지나 조금 가면 시원한 물이 길가에 흐른다.

목장에서 도로를 따라 반 시간 걸으면 앙드히옹 고개(Col d'Andrion, 1690m)에 이른다.

꼴 데 푸르네스(Col des Fournés, 1351m)에서 한동안 전나무 숲길을 따라 45분 걸으면 그하뜨루 고개(Col de Grateloup, 1412m)가 나오고 차츰 오르막을 오르면 반 시간 후, 브레끄 고개(Brèche du Brec, 1520m)에 이른다.

브레슈 디 브레끄(Brèche du Brec, 1520m) 안부 아래에서. 지나온 산줄기가 한 눈에 보인다.

브레슈 디 브레끄(Brèche du Brec, 1520m) 안부를
지나 남쪽 저 멀리 지중해면이 어렴풋이 보인다.

브레슈 디 브레끄

마지막 고개(Col du Castel Gineste, 1220m)

마지막 고개(Col du Castel Gineste, 1220m)에서 45분
산허리를 돌아 하산하면 위뗄르(Utelle, 821m)에 이른다.

26 구간   위뗄르 - 아프레몽

Utelle(821m) – 생 앙트앙 성당(Chapelle St Antoine, 673m) : 1h(-148m)
Chapelle St Antoine(673m) – 끄로 다리(Pont du Cros, 180m) : 1h20(-493m)
Pont du Cros(180m) – 러방스(Levens, 550m) : 1h15(+370m)
Levens(550m) – 쌩뜨 끌레르(Sainte Claire, 520m) : 1h
Sainte Claire(520m) – 아프레몽(Aspremont, 500m) : 1h20

거리 : 약 25km / 시간 : 7h
표고차 : +1200m / -1500m

언덕 위의 아담한 산악마을 위뗄르를 떠나 산허리를 따라 석회암 지대를 멋지게 관통해 놓은 트레킹로는 올리브 농사를 많이 짓는 산골을 지나 GR5에서 가장 낮은 계곡(Gorges de la Vésubie, 180m) 바닥까지 이어진다. 이어 소나무 숲 사이 오르막을 올라 언덕 위의 오랜 마을 러방스를 둘러보고 계속해서 마을을 끼고 걷는다. 마을을 벗어나 몽 시마(Mont Cima, 878m) 산허리를 돌아 역시 언덕 위에 성곽처럼 자리잡고 있는 아프레몽에 이르게 되는데, 이 마을 뒤로 니스의 해변이 바로 보인다.

위뗄르 중앙에 위치한 교회 앞 광장에서 작은 식료품점 앞을 지나 서쪽으로 난 길을 따라 내려가면 곧 마을을 빠져 나오고 산허리길이 시작된다. 석회암반을 깎아 만든 넓은 길이 산중턱을 휘감아 돌아가면서 떡갈나무 숲을 지나게 된다. 한 시간후 양지바른 언덕에 자리잡은 작은 성당(Chapelle St Antoine, 673m)이 나타난다. 베쥐비 협곡(Gorges de la Vésubie)이 한눈에 내려다보이는 언덕이다. 계속해서 산허리를 돌아 계곡 쪽으로 하산하면 끄로 뒤뗄르(Cros d Utelle, 330m) 마을이다. 햇살 좋은 언덕사면에 올리브 과수원이 많다. 과수원 옆 마을 외곽을 돌아내려오면 베쥐비 계곡을 건너는 돌다리(Pont du Cros, 180m)가 나타나고 다시 오르막이 시작된다.

소나무 숲 사이로 난 지그재그 길을 따라 한 시간 이상 오르면 러방스 마을이다. 언덕 위의 오랜 마을을 둘러보고 내려와 계속해서 도로를 따라 걷는데, 쌩뜨 끌레르 이후에서나 차도에서 벗어난다. 한동안 산판도로를 따르다가 호까 빠흐띠다(Rocca Partida, 564m)에서 본격적인 산길에 접어든다. 이후 몽 시마(Mont Cima, 878m) 정상 쪽으로 오르막을 오르다가 좌측으로 산 중턱을 돌아내려가면 멋진 아프레몽 마을이 발 아래에 있고 니스 해안이 보인다.

Levens(550m) : www.levenstourisme.com
각종 편의시설들이 잘 갖춰져 있는 언덕 위의 관광 마을이다.
Aspremont(500m) : 호텔과 식당, 우체국과 가게 등이 있는 이 마을은 900여년 전에 사라센의 해적을 피해 온 이주민들이 정착한 마을로서 방어가 잘 된 성곽이 있었지만 1810년에 나폴레옹 1세에 의해 폐허가 되었고 마을 위 성곽 자리는 학생들의 야외수업 및 소풍장소로 이용된다.

26 구간

위뗄르(Utelle, 821m) 성당 앞 광장
서쪽으로 난 길로 내려간다.

위뗄르(Utelle, 821m)를 뒤로 하고.

산 중턱을 따라 길이 잘 나 있다.

양지바른 언덕에 자리잡은 작은 성당(Chapelle St Antoine, 673m)은 늘 개방되어 있어 대피소로도 이용된다. 베쮜비 계곡(Gorges de la Vésubie)이 한눈에 내려다보인다.

올리브 고목

올리브 농사를 많이 짓는 끄로 뒤뗄르(Cros d'Utelle, 330m)

베쥐비 계곡에 놓인 돌다리(Pont du Cros, 180m)를 건너면 러방스(Levens, 550m)로 오르는 오르막이 시작된다.

끄로 다리(Pont du Cros, 180m)에서 한 시간 반 오르면 러방스(Levens, 550m)이다. 오른편 언덕 위에 마을 중심가가 위치해 있다.

러방스 성당

러방스(Levens, 550m) 외곽

여기서부터 다시 산길이 시작된다.

아프레몽(Aspremont, 500m)

누군가 자신의 GR5 완주를 기념하기 위해 돌맹이에 글을 써뒀다.

몽 시마(Mont Cima, 878m) 중턱을 좌측으로 돌아내려가면 아프레몽이 발 아래에 있고 너머로 니스 해안이 보인다.

27 구간　아프레몽 - 니스

Aspremont(500m) – 레 모르그(Les Morgues, 670m) : 45min (+170m)
Les Morgues(670m) – 에흐 생 미셸(Aire St Michel, 316m) : 1h30 (-354m)
Aire St Michel(316m) – 쁠라스 알렉산드르 메드생(Place Alexandre Medecin, 47m) : 45min
Place Alexandre Medecin(47m) – 니스 해변(0m) : 1h15

거리 : 약 13km / 시간 : 4h20
표고차 : +210m / -720m

GR5 마지막 구간으로서 드디어 지중해변에 이르는 쉬운 일정이지만 알파인 고지대를 장기간 지나온 후라 이 구간은 꽤 덥게 느껴질 수 있다. 열대성 잡목들이 우거진 몽 쇼브(Mont Chauve, 870m)의 중턱을 돌아가면 니스 해안이 한눈에 들어오고 이제 지중해를 발 아래에 두고 니스로 완만하게 하산하게 된다. 국제적 휴양도시 니스에 접어들면 둘러볼 만한 것들이 많은데, 외곽의 주택가를 따라 차츰 시내 중심가로 접어들게 되며 장거리 산행 후의 대도시 풍경이 낯설겠지만 곧 익숙해지고 마쎄나 광장 후, 드디어 지중해의 모래 사장이 펼쳐져 있다.

　아프레몽 마을 아래 삼거리에서 동쪽으로 난 도로를 따라 백여 미터 내려가면 작은 길로 빠지는 이정표가 있다. 한동안 마을 외곽을 끼고 걷다가 학교 옆 오르막에서 마을을 벗어난다. 무더운 지중해성 잡목들이 우거진 오르막을 반 시간 오르면 시야가 트이고 니스 앞바다가 한층 가까워진다. 45분만에 몽 쇼브(Mont Chauve, 870m)의 중턱(Les Morgues, 670m)을 돌아가면 이제 해안까지 줄곧 내리막이 시작된다.
　완만한 능선을 끝으로 한 시간만에 올리브 나무들이 많은 숲속 공원을 빠져 나와 전원주택가에 이른다. 곧 큰 도로가 있는 에흐 생 미셸(Aire St Michel, 316m)이다. 길가에 식당이 하나 있고 여기서 니스 시내로 가는 버스를 탈 수도 있다. 이어 주택가와 도로를 끼고 내리막길을 따르면서 차츰 시내 중심으로 접어들어 한 시간이 채 걸리지 않아 알렉산드 매디신 광장(Place Alexandre Médecin, 47m)이다. 은행이나 각종 상점, 식당 등이 있는 번화가 중앙로에 토요일이면 장터가 열린다.
　이후 줄곧 대로를 따라 내려가면 기차역이 우측에 있고 계속해서 시내를 가로질러, 시내 중심을 관통하는 전철 노선을 따라 반 시간 더 가면 마쎄나 광장(Place Masséna)이 나타난다. 광장 양옆에 멋진 분수대가 있는 공원이 있으며 그 너머 도로를 건너면 지중해변의 모래사장이 펼쳐져 있다. 곧 등산화를 벗고 GR5를 걸으며 부르튼 발바닥을 바닷물에 담근다!

Nice(0m) : www.nicetourism.com
국제적인 휴양 도시로서 각종 편의시설들이 잘 갖춰져 있다.

27 구간

303

몽 시마(Mont Cima, 878m) 남측 사면에 위치한 아프레몽을
뒤로 하고 몽 쇼브(Mont Chauve, 870m) 중턱으로 오른다.

몽 쇼브(Mont Chauve, 870m) 중턱에 이르
면 니스 해안이 더 가깝게 보인다.

몽 쇼브(Mont Chauve, 870m) 산허리길.

아프레몽에서 한 시간이 채 걸리지 않아 몽 쇼브(Mont Chauve, 870m) 중턱의 레 모흐그(Les Morgues, 670m)에 이른다.

레 모흐그(Les Morgues, 670m)를 지나면 해안가가 더 가깝게 보인다.

레 모흐그(Les Morgues, 670m)를 지나 올리브 나무숲을 통과하기도 한다.

이 언덕 아래로 니스 외곽의 첫 주택가(Aire St Michel, 316m)에 이른다.

마쎄나 광장(Place Masséna)

니스 기차역.

GR5의 종점, 지중해의 일몰.

4 - 트레킹 후기

레만호에서 지중해변 니스까지 - GR5
레만호~샤모니 구간

 앞서 밝혔듯 레만 호수에서 지중해변의 니스까지 걷는 GR5 코스는 언젠가는 꼭 걷고 싶었지만 좀체 기회가 없었다. 알파인 등반 가이드로 생계를 이어가던 필자에게는 여름 한철에 한 달간 시간을 내기란 쉽지 않았다. 그래도 더는 미룰 수 없어 등반이 계획되어 있는 틈틈이 걸어보기로 했다. 마침 샤모니에 와 있던 민경원 씨도 선뜻 동행해주었다. 우리는 며칠간 알파인 등반을 하며 눈밭에서 고생한 뒤라 2000미터 고지의 산록 트레킹은 등반의 긴장감을 풀기에도 좋았다.
 우선 출발을 위해 레만호에 접한 작은 마을 생 쟁골프(St Gingolph, 375m)로 향했다. 프랑스와 스위스의 국경선이 있는 이 마을에 가기 위해선 로잔에서 배를 타 레만호를 가로지르기만 하면 닿을 수 있고 기차나 버스를 이용할 수도 있다. 샤모니에서는 기차를 이용, 마르티니를 거치면 되고 산행 시작은 프랑스 땅에서 한다. 스위스에서 국경을 넘어 프랑스 땅에 접어들면 다리 하나가 있고 약 100미터 내려가면 호숫가에 작은 카페가 하나 있다. 출발을 기념하기 위해 우리는 커피를 마시며 긴 여정을 위해 신발 끈을 조여 맸다. 산행은 호숫가에서 오르막 골목길을 따라 곧게 이어져 있는데, 성당 옆으로 이어진 모퉁이마다 길표시가 잘 되어 있다. 초록색 바탕에 하얗고 빨간 줄이 하나씩 그려진 이정표를 따

308

르면 된다.

 산간마을 노벨(Novel, 950m)을 거쳐 비즈 고개(Col de Bise, 1915m)에 오르는 게 첫날 목표였다. 무궁화와 접시꽃이 아름답게 피어있는 생 젱골프의 주택가를 벗어나 얼마 오르지 않아 체육공원이 나타났다. 아름드리 활엽수가 우거진 계곡을 따라 오르는 길은 한 시간도 지나지 않아 도로와 연결되더니 노벨 마을로 이어졌다. 활엽수림이 울창한 산비탈에 십여 채의 집들이 모여 있는 마을입구에 식당 겸 매점이 있어 쉬어가기로 했다. 이 집에서도 숙박이 가능하며 마을 맨 윗집도 배낭여행객을 위한 숙소였다. 시간이 맞으면 이 마을에서 하룻밤 자도 좋을 것 같았다. 마을 위로 난 길은 계속해서 활엽수림 아래로 이어졌으며

교회 하나를 지나고 몇몇 알파인 목장과 별장을 뒤로 하면서 차츰 침엽수림지대에 접어들었다. 너른 풀밭의 목장용 수도에서 물을 뜨는데, 큰 지팡이를 짚은 트레커 한 명이 지나갔다. 가만히 보니 그의 차림이 재미있었다. 샌들을 신고 있었지만 그의 큰 배낭에는 발에 맞지 않았는지 새 것인 듯한 중등산화가 매달려 있었으며 나무 지팡이에는 족제비 한 마리의 털이 매달려 있었다. 스위스인인 그는 스위스의 물가가 너무 비싸 이렇게 프랑스 땅에 넘어와 트레킹을 한다며 웃었다. 그도 이번에는 샤모니까지만 갈 거라 했다. 다음날까지 만났던 그를 그 후 더 보지는 못했다.

 고도를 제법 높여 나무가 없는 지대에 이르자 작은 돌집들이 대여섯 채 모여 있는 네떼(Neuteu, 1750m)였다. 빈 집 앞 우물가에서 물을 떠 오르막을 40분 오르자 비즈 고개 정상이었다. 4시간 반 걸렸다. 고갯마루 풀밭에 네 명의 트레커가 쉬고 있었다. 고개 북면에 구름이 몰려 있어 레만호가 보이지 않았지만 해가 이미 기울고 있었기에 이 고개에서 첫날밤을 맞기로 했다. 기온이 차츰 내려가자 구름이 사라지고 레만호가 보여 우리는 텐트도 치지 않고 풀밭에 누웠다. 밤새 바람이 불었지만 레만 호숫가의 불빛과 밤하늘의 별빛이 좋아 그런대로 견딜 만했다.

 화창하게 갠 다음날, 비즈 고개 너머의 내리막은 평탄했다. 몇몇 트레커들이 400미터 아래 산장에서 오르고 있었다. 아침부터 열심히 풀을 뜯고 있는 소떼를 지나 목장 겸 산장(Chalet-Refuge de Bise, 1502m)에 도착해 곧장 보스 고개(Pas de la Bosse, 1816m)로 올랐다. 한 시간

도 걸리지 않아 도착한 보스 고개에 서니 앞으로 가야 할 골짜기와 고개들이 남쪽에 펼쳐져 있었다. 텐트도 말릴 겸 점심을 먹는데, 제법 많은 트레커들이 지나갔다. 우리처럼 GR5를 하는 이들도 있었지만 대개 당일 산행객들이었다. 곧 짐을 꾸린 우리는 줄곧 하산하여 라 샤뻴르 다봉당스(La Chapelle d'Abondance, 1021m)로 내려갔다. 2시간 걸려 내려간 마을은 제법 컸다. 마을 맨 위쪽에 있는 슈퍼마켓을 맨 아래쪽으로 내려가 찾느라 30분 이상 허비했다. 보스 고개에서 만난 프랑스 트레커 셋과 영국 아가씨 셋도 슈퍼마켓에서 만났다. 그들은 이후 며칠간 우리와 동행하는 사이가 되었다.

한동안 개울을 따라 동남쪽으로 거슬러 올라 본격적인 오르막에 접어들었다. 한 시간 반 이상 가파른 전나무 숲을 오르는데, 폭포도 하나 지나고 숲을 벗어나자 목장이 나타났다. 그 위로 반시간 이상 오르자 넓은 초원(Les Mattes, 1930m)이 펼쳐져 있었다. 동쪽에 당뒤미디와 당블랑쉬가 솟아 있는 전망 좋은 풀밭이었다. 멀지 않은 곳에 텐트 한 동이 쳐져 있었고 시간도 늦어 이곳에서 하룻밤 묵었다. 다음날 아침, 붉게 물든 아침놀을 보며 일어나 바사쇼 고개(Col de Bassachaux, 1778m)로 이동했다. 반시간 정도 내리막을 걷고 완만한 비포장길을 남쪽으로 걸어 목장(Lenlevay, 1733m)을 지났다. 나이가 꽤 들어 보이는 할아버지가 육십은 다 되어 보이는 아들과 함께 일을 하고 있었다. 언덕 위로 평탄하게 이어지던 길은 급사면으로 바뀌었고,

레 마트 언덕

갑자기 산악자전거들이 내려왔다. 20분도 채 오르지 않아 바사쇼 고개였다. 자동차로도 오를 수 있는 이곳은 멋진 전망대였는데, 큰 식당과 여행자 숙소를 겸하는 산장과 넓은 주차장 그리고 나무의자가 있어 쉬어가기 좋았다.

점심을 먹고 막 출발하는데, 비가 내리기 시작했다. 한 시간은 비를 맞으며 세서리 고개(Col de Chésery, 1992m)로 완만하게 거슬러 올랐다. 고개를 넘어 얼마 가지 않아 비도 그치고, 나이 많은 스위스인 부부가 손녀 둘과 함께 운영하는 세서리 산장(Refuge de Chésery, 1972m)이 나타났다. 세저리 고개를 넘어 이젠 스위스 땅이었다. 아담한 산장에 들러 맥주를 한잔 하

고 사내 둘이 보내는 적적한 저녁을 위해 와인 한 병을 구입했다. 코르크 따개가 없다는데 생각이 미쳐 20대로 보이는 산장의 손녀에게 병을 따달라고 했다. 그랬더니 중학생은 되었을 법한 10대의 손녀가 자기가 사용하던 스위스제 다용도 칼을 선물이라며 선뜻 내놓는 것이 아닌가. 여행하다 보면 간혹 만나게 되는 이런 인정과 호의는 여운이 상당히 오래 남는다. 특히 어린 소녀의 티 없이 맑고 선한 마음이 고스란히 전해지는 듯해 더 고맙게 받아 들고 산장에서 한 시간도 걸리지 않는 고개(Col des Portes de l'Hiver, 2099m)로 올랐다. 당뒤미디가 지척인 전망 좋은 풀밭에서 와인까지 지고 오느라 더해진 여독을 코르크 마개와 함께 가볍게 날려버리고 기분 좋게 하루를 마감했다.

다음날은 날씨가 좋았다. 당뒤미디는 지지난해 여름 몽뢰앙 일주를 하면서 남쪽 면을 보며 지나갔는데 올해는 북면을 보면서 지나가는 셈이었다. 눈앞에 펼쳐진 당뒤미디의 위용을 지켜보며 알파인 목장들을 지났다. 한 시간 이상 목장길을 따라 산허리를 돌아 목장 겸 휴게소인 라피자(Lapisa)에 닿았다. 작은 나무집에 들어서니 젊은 여인네가 아들에게 공부를 시키고 있었다. 커피 한잔을 하고 옆 막사에 가보니 남편이 커다란 솥에 장작불을 때며 치즈를 만들고 있었다. 그의 치즈 작업을 신기하게 구경한 다음, 무게 때문에라도 많이 구입은 못하고 500그램만 샀다. 생각보다 저렴해 욕심이 생겼지만 먼 길을 생각하면 엄두가 나지 않았다. 이제 꾸우 고개(Col de Coux, 1920m)로 향했다. 라피자에서 한 시간도 걸리지 않아 도착한 이 고개는 다시 프랑스 땅이있다. 점심시간이라 텐트도 말리며 쉬는데, 영국인 아가씨 셋이 올라와 기념사진을 부탁했

다. 이틀 전에 보스 고개를 내려오며 만난 이들이었다. 점심식사를 하고 있는 그들 중 한 명의 상의 등판에 적힌 글씨가 눈에 들어왔다. "Long and Strong". 기껏 이십대 초중반의 이들이 무슨 생각으로 지중해변까지 한 달간 걸을 결심을 했을까 싶어 궁금했는데, 그들의 생각과 결의를 저 한 문장으로 엿본 것 같아 웃음이 났다. 나이든 나에게도 자극이 되었다.

국경언덕이라 산악자전거나 트레커들이 꽤 많이 올라왔다. 고개를 내려오면서 만난 부부 트레커가 네팔 셰르파냐며 물었다. 종종 듣던 질문이라 웃으면서 그들과 헤어지고 전나무 숲을 빠져 나오는데, 먼저 내려갔던 영국 아가씨들이 길을 잘못 들었다며 올라오고 있었다. 왼편 산허리로 빠졌어야 하는데 큰 길을 따라 샤르도니에르 산장(Refuge de Chardonniere, 1350m)으로 곧장 가버려 풀밭에 난 작은 길을 못 보았던 것이다. 한 시간 더 걸어 골레즈 고개(Col de la Golèse, 1662m)에 오르니 지척에 산장(Refuge de la Golèse)이 있었다. 하산길만 남아 있어 쉬어가기로 하고 산장 테라스에서 맥주로 갈증을 풀면서 산악잡지를 뒤적이며 한낮의 열기를 피했다.

사모앙스(Samoëns)까지는 3시간 이상 걸리는 꽤 긴 하산이었다. 사모앙스는 이 지역에서 제법 큰 산악마을로서 중심가에는 많은 사람들로 붐볐다. 이미 오후 5시가 다 되었기에 식료품을 구입하고 하천을 따라 마을을 빠져나갔다. 하천가 전나무 숲에 이르니 이틀 전에 만난 60대의 프랑스인 부부와 남성 한명이 텐트를 치며 우리를 반겼다. 우리도 멀지 않는 곳에서 하룻밤 묵었다. 다음날도 맑았다. 프랑스인들 셋보다 조금 늦게 출발한 우리는 줄곧 하천을 따라 올랐다. 한 시간 가량 걸어 약간의 오르막을 오르니 석회석 협곡(Gorges des Tines)이 나타났다. 아주 오래 전에 거대한 석회석 지대가 빙하 혹은 빙하 녹은 급류에 매끈하게 씻긴 듯 파여 있는 협곡에 철사다리로 통로가 이어져 있었다.

이후 식스뜨 페르 아 슈발(Sixt-Fer-à-Cheval) 어귀를 지나 본격적인 오르막에 접어들었다. 이곳도 재작년 몽뤼앙 일주 중 뺄랑데락 계곡에서 고개를 넘었던 지역 근처다. 리뇽(Le Lignon) 마을까지 이어진 도로와 숲길을 오가며 오르막이 이어졌으며 거대한 폭포도 하나 있었다. 리뇽 마을 위 전나무 숲 사이로 길이 계속 나 있었고, 한 시간

더 올라 나타난 삼거리부터 익히 아는 길이었다. 오래 전에 피츠 장벽을 한 바퀴 돌기도 했고 몇 시간 후면 도착할 앙떼른 호수(Lac d Anterne, 2060m)나 앙떼른 고개(Col d Anterne, 2257m)는 매년 찾던 곳이었다. 위에서 당나귀에 짐을 싣고 내려오는 트레커도 있었고 어린 아이들을 데리고 오르는 가족 트레커들도 여럿 있었다. 그들과 함께 앙떼른 산장(Chalets d Anterne, 1808m)에 도착, 오믈렛과 맥주로 허기진 배를 채웠다. 오래 전 이곳에 왔을 때는 피츠 장벽에 클라이머들이 등반을 하고 있었는데, 이번에는 보이지 않았다. 최대 7~800미터 높이의 장벽이 몇 킬로미터나 펼쳐져 있는 이곳에는 개척등반의 여지가 무한하지만 기라성 같은 벽들이 무궁무진한 알프스에서 주목 받지도 못할 등반을 할 클라이머들은 여기서도 많지 않아 보였다.

 산장에서 한 시간 더 올라 앙떼른 호수에 이르렀다. 산장에서 점심을 같이 먹은 두 프랑스 여인이 아무 거리낌 없이 옷을 벗더니 호수에 몸을 던졌다. 대자연 속에서 솔직한 그들의 모습이 자유로워 보였다. 적적할 때면 샤모니에서 이 호수까지 와 자고 간 적이 몇 번이었던가. 너무나 친숙한 호수였건만 이번에는 갈 길이 멀어 그냥 지나치기로 했다. 앙떼른 고개에서 몽블랑 산군의 파노라마를 지켜보고 싶은 마음이 발길을 재촉했다. 30분 만에 막상 고개에 올라보니 구름이 전망을 흐려놓았다. 할 수 없이 다음날 아침을 기대하며 고갯마루에서 마지막 밤을 맞았다. 화창하게 갠 다음날의 일출은 잊을 수 없는 장면을 연출했으며 이후 익히 아는 길을 따라, 이제는 고향처럼 반가운 샤모니 계곡으로 돌아와 6일간의 일정을 마무리했다.

앙떼른 고개

트레킹 후기

우쉬(샤모니)-모단 구간

　샤모니로 돌아와 한동안 알파인 지대의 눈밭을 오가던 필자는 2000미터 지대의 풀밭이 문득 그리워졌다. 마침 시간이 나 지난번에 이어 GR5 코스를 혼자서라도 걷기로 했다. 혼자만의 이점이야 사람마다 다를 수 있겠지만 필자의 경우, 적적함을 달래기 위해서라도 많이 걸을 수 있다는 점이다. 먹고 잘 때 외에 걷기만 해도 좋으니 역마살이 골수에까지 박혔나 보다.

　GR5 코스 중 샤모니에서 본옴므 산장(Refuge de la Croix du Bonhomme, 2329m)까지 이틀 구간은 몽블랑 일주와 겹친다. 종종 걷는 코스라 하루 일정을 줄이기로 하고 대중교통으로 레 꽁따민-몽주와(Les Contamines-Montjoie, 1167m)까지 이동해 산행을 시작했다. 여름철의 꽁따민에는 많은 사람들로 붐볐다. 몽블랑 산군 서쪽 끝자락에 위치한 꽁따민 계곡 위, 숲 곳곳에 설치된 다양한 놀이시설을 지나 오르기 시작했다. 곧이어 노트르담 더 라 고르쥬(Notre Dame de la Gorge, 1210m) 교회 앞이었다. 정원에 유명 사진작가의 작품이 전시돼 있어 둘러보지 않을

본옴므 고개

수 없었다. 알프스 산간 마을을 지날 때 종종 이런 경우가 있는데 내게는 삼 본 것보다 반가웠다. 교회를 지나자 바로 오르막이 이어지고 다리를 건너면서 꽁브 느와르 폭포(1496m)에서 땀을 식히고 조금 더 오르면 낭보랑 산장이 나타났다. 여기서 한 시간도 오르지 않아 발므 산장

(1706m)이었다. 본옴므 고개(Col du Bonhomme, 2329m)로 오르는 도중에 4명이 말을 타고 내려왔다. 말 한 마리에 여러 사람이 짐을 싣고 걷는 이들은 많이 보았지만 말을 하나씩 타고 몽블랑을 일주하는 이들은 이제껏 본 적이 없었다. 남자 가이드 한명이 젊은 여성 셋을 안내하고 있었고, 영어를 사용하는 것으로 보아 혹 미국의 텍사스에서 온 트레커들이 아닌가 싶었다. 짐 진 자의 눈에는 말 탄 이들이 신기해 보였다. 오래 전에 필자는 자전거를 타고 몽블랑 일주를 몇 번 한 적이 있는데, 알프스를 즐기는 방법은 다양했다. 머지않아 겨울에 스키로 돌아볼까 싶은 마음이 들기도 했다.

본옴므 고개에 이르니 양떼가 반겼으며 다시 한 시간도 걷지 않아 본옴므 고개 산장이었다. 제법 먼 길을 왔으니 오늘은 여기서 하룻밤 묵기로 했다. 산장 위 언덕에 텐트를 치는데, 어린이 둘을 데려온 영국인 부부와 프랑스 젊은이 둘도 텐트를 하나씩 쳤다. 저녁을 먹고 주변을 서성이며 저녁놀을 보고 있으려니 산양들이 산장 주변에까지 내려와 놀았.

다음날 아침, 이틀 전의 일기예보처럼 날씨가 나빠졌다. 아침 6시에 일어나보니 하늘이 잔뜩 흐려 있어 급히 짐을 꾸렸다. 막 출발하려는데 빗방울이 후드득 떨어지기 시작했다. 비 내리는 와중에도 제때 출발할 수 있어 기분 좋게 걷기 시작했다. 이제부터 길은 본옴므 산장에서 남쪽으

소스 고개 전 능선길

로 이어진 능선을 따랐다. 좁은 바위능선 위로 길이 나 있었다. 사과를 먹으며 오르막을 오르는데, 판초를 뒤집어쓰고 산장에서 출발한 건장한 남자 트레커가 뒤따랐다. 성큼성큼 걷는 그에게 길을 내줬다. 왼편에서 비바람이 세차게 퍼부어 손까지 시릴 정도였지만 도무지 피할 데라곤 없었다. 좁은 바위 능선을 열심히 오르내렸다. 차츰 빗방울이 가늘어지더니 한 시간쯤 지나서야 그쳤다. 앞선 트레커를 도저히 따라가지 못해 포기하고 30분 더 걸어 소스 고개(Col de la Sauce, 2307m)에 닿았다. 뒤돌아보니 전날 걸었던 본옴므 고개에서부터 본옴므 산장과 좀 전까지 걸었던 능선 위의 길이 한눈에 들어왔다.

 소스 고개에서 길은 풀밭 사이로 줄곧 내리막이었다. 목장도 하나 지나 지그재그 길을 한 시간 이상 걸어 아스팔트 도로에 인접한 쁠랑 더 라 레 산장(Refuge du Plan de la Lai, 1818m)에 닿았다. 한 달 전에 보포르라는 마을에 내려가면서 지나간 적이 있어 반가웠다. 길은 도로를 건너 남쪽으로 이어진 오르막으로 연결되었다. 10분 올라 또 다른 산장을 지나는데, 40대의 프랑스 남자가 손을 흔들었다. 잠시 후 배낭을 메고 따라온 그는 니스까지 가는 트레커로서 이후 3일 동안이나 만나는 사이가 되었다. 목장 길을 돌아 언덕을 오르는 동안 다시 비가 내리더니 곧 그치길 반복했다. 뒤따르던 파스칼을 사진 찍었더니 그는 자신의 나무지팡이에 장착한 고프로 카메라로 자신의 모습과 나를 동영상에 담았다. 언덕 하나를 오르자 삼거리였다. 100미터 높이의 오른편 언덕이 전망 포인트라는 표지판이 있어 10분간 힘들게 올라보니, 두 젊은 트레커가 멋진 로즐랑 호수(Lac de Roselend)를 배경으로 커피를 마시고 있었다. 서로 비스킷을 바꿔 먹는 그들 중 한 명은 남으로 나머

지 한 명은 북으로 가는 나홀로 트레커들이었다.

 로즐랑 호수를 한동안 보며 풀밭 산허리를 끼고 돌던 길은 목장 길을 따라 내려가다가 오르막으로 바뀌었다. 산판 도로 옆 오솔길을 따라 목장 하나를 지나자 가파른 산길이었다. 점심때부터 내리던 비는 그치지 않고 계속 내렸다. 비를 맞으며 브레송 고개(Col du Bresson, 2469m)로 오른 길은 걷기 불편한 돌길이었고, 고갯마루에는 비바람이 세차 바로 하산할 수밖에 없었다. 멀리 왼편 산 쪽에 프러세 산장(Refuge de Presset)이 보였지만 비 때문에 경치 좋은 그곳에 다녀올 엄두는 나지 않았다. 오후 5시가 다 되어 일찌감치 잠자리를 찾아야 했다. 고개에서 한 시간 내려와서야 좋은 잠자리가 눈에 들어왔다. 깨끗한 개울가 돌담에 걸쳐진 큰 나무에 양철지붕을 얹은 움막이었다. 나무판을 댄 바닥도 깨끗해 지붕 아래 좁은 공간에 텐트를 치니 멋진 잠자리가 되었다. 지나던 트레커 셋이 들여다보기에 나갔더니 나이 70세는 되었을 프랑스인 부부와 여성 트레커 한 명이 서 있었다. 2주일 전에 출발했다는 그들은 브리앙송까지 일주일 더 걸을 계획이라 했다.

 비는 밤새 내려 양철지붕을 두드리는 소리가 끊이지 않았지만 아침이 되자 잦아들었다. 배낭을 메고 걷기 시작해서도 빗방울이 몇 방울 떨어졌다. 반 시간도 걷지 않아 산모퉁이를 돌아 발므 산장(Refuge de la Balme, 2009m)에 이르니 파스칼이 새로 사귄 트레커와 커피를 마시고 있었다. 밤새 잘 잤냐는 그의 인사를 웃음으로 답하고 계속해서 걸었다. 줄곧 내리막이었다. 다시 내리기 시작한 굵은 비를 반 시간 더 맞고 산판 도로에서 벗어나 오솔길에 접어들었다. 산허리를 끼고 완만하게 이어진 길은 도중에 몇몇 알파인 목장과 별장들을 지났다. 발러장 마을(Valezan, 1186m)을 지나 계곡을 거의 다 내려왔다. 한데 마지막에 길을 잘못 들어 30분 허비하고서야 벨랑트르 다리(Pont de Bellentre, 719m)를 찾아 건넜다. 알프스 트레킹에서 길을 잃고 헤맨 경우의 대부분은 이렇게 산 아래 마을 주변이었는데, 이번에도 마찬가지였다.

 다리를 건너자마자 곧장 오르막이었다. 짙은 활엽수림 아래의 가파른 비탈이 이어졌으며 비도 계속해서 내렸다. 한 시간 후 몽또흘랑 마을(Montorlin, 1090m)에 이르자 비가 그쳤다. 제법 큰 휴양지였지만 점심시간이라 모든 가게가 문을 닫아 2시간 후에나 연다고 했다. 할 수 없이 계속 걷기로 하고 마을 위로 난 산길을 계속 올랐다. 전나무 숲을 걷는 동안 자전거 한 대가 내려왔다. 그 길을 따라 곧 자전거 대회가 있으니 조심하라는 그의 말을 듣고 산허리를 돌아, 꽤 험한 비탈길을 따라 몰랑 마을(Le Moulin, 1264m)로 하산했다. 마침 구름 사이로 태양이 나타나 다리에서 옷을 말리는데, 두 트레커가 웃으며 나타났다. 파스

칼이었다. 그는 산으로 돌아 오르는 험한 길 대신 계곡 바닥으로 우회하며 카페에서 커피도 마시고 느긋하게 왔다고 했다. 쓴웃음을 지으며 그에게 엄지손가락을 들어 보이니 눈치 빠른 그는 위로의 표정으로 어깨를 으쓱였다. 이제 길은 개울을 따라 완만한 오르막이었다. 한 시간도 오르지 않아 경마장과 나무타기 놀이시설이 있었으나 이정표가 없어 헤매는데 전날 만났던 나이 드신 세 트레커가 나타났다. 헷갈리긴 했지만 곧 길을 찾은 우리는 포르트 더 로쥘 산장(Porte de Rosuel, 1556m)으로 이어진 길을 따라 계곡 위로 향했다.

한 시간 더 걸어 로쥘 산장 아래 주차장에 이르니 이미 저녁 6시였다. 함께 하던 트레커들은 산장으로 들어갔지만 나는 계속 걷기로 했다. 얼마 오르지 않아 다시 비가 내렸다. 산허리를 끼고 오르는 제법 경사진 길은 거대한 폭포 건너편으로 이어졌다. 한 시간 이상 비를 맞고 계곡 위 완만한 지대에 들어서자 저 멀리 목장이 하나 보였다. 비를 흠뻑 맞고 목장에 들어서니 아무도 없었으며 모든 문이 굳게 닫혀 있었다. 다행히 좁은 처마 아래에 서니 비바람은 피할 수 있었다. 처마 밑에서 허기진 배를 채운 다음에야 용기를 내어 가까운 풀밭에 텐트를 쳤다. 내내 비를 맞은 힘든 하루였기에 녹초가 된 몸을 곧장 침낭에 밀어 넣었다.

다음날 아침, 마침내 갰다. 2000미터 이상 고지에는 서리도 내렸고 고인 물도 살짝 언 추운 아침이었다. 출발을 서둘러 반 시간 걷자 오른편 아래에 커다란 플라뉴 호수(Lac de la Plagne)와 바로 옆에 앙트르 러 락 산장(Refuge Entre-le Lac, 2145m)이 보였다. 그 산장에서 오르는 길과 만나는 삼거리까지는 가까웠다. 아무도 지나가지 않는 호젓한 산행을 즐기며 멋진 알파인 호수 그라딸루(Lac du Grattaleu)를 지나 빨레 고개(Col du Palet, 2652m) 아래의 빨레 고개 산장(Refuge du col du Palet)에 도착했다. 산장 앞 풀밭에는 이틀 전에 만난 프랑스 젊은이가 이제 막 텐트를 걷고 있었다. 엄청 추워 이제야 일어났다는 그는 플라이 천에 얼어붙은 얼음을 떼고 있었다. 산장에서 10분 오르니 빨레 고개였다. 오십대 중반의 프랑스 여

성에게 기념사진을 부탁했더니 케언 앞 돌무더기에 벗어 둔 배낭을 배경으로 한 모습이 좋아 보였던지 자신도 찍어달라고 했다. 무겁게 내려 둔 내 배낭을 다른 곳으로 옮긴 다음, 그녀의 카메라로 비슷한 사진을 찍어주었다. 가로세로로 두 장면을 찍어주고 그녀가 돌무더기에서 배낭을 치우자마자 간밤에 젖은 텐트를 말리며 커피를 끓여 마시는데, 텐트를 걷은 프랑스 젊은이가 미국인 부부와 올라왔다.

 이제 티뉴(Tigne)로 내려가는 길을 따라야 했다. 큰 호숫가에 멋진 휴양시설이 들어서 있는 이 마을은 여름철에도 스키를 탈 수 있는 슬로프가 있으며 다운힐 자전거 코스로도 유명하다. 한 시간 반 만에 호수 윗마을 발 클라레(Val Claret, 2107m)에 내려와 슈퍼마켓에서 먹거리를 구입, 다시 걸었다. 레스 고개(Col de la Leisse, 2758m)로 곧장 올랐다. 발디제르 마을과 이즈랑 고개를 거치는 코스도 있지만 몇 주 전에 승용차로 둘러봤기에 이번에는 레스 고개를 넘어 바누와즈 산군을 중앙으로 넘을 작정이었다. 국립공원인 이 산군의 속살을 보고 싶었다. 나무라곤 없는 풀밭을 오르는데, 다운힐 자전거들이 쏜살같이 지나갔다. 한 시간 후 고도를 제법 올려 스키장 권역에서 벗어났다. 알파인 돌밭을 한참 걷다 뒤돌아보니 몽블랑이 보였다. 좀 더 높이 오르면 더 잘 보일까 싶어 레스 고개에 올랐는데, 아쉽게도 왼편 능선에 가려 반 정도만 보였다. 바람 부는 고갯마루에 앉아 쉬다 천천히 걸어내려 첫 번째 만나는 네트 호숫가(Lac des Nettes)에 배낭을 내려놓았다. 깨끗한 물가에서 하룻밤을 보냈다.

 다음날 아침, 맑은 하늘 아래서 짐을 꾸려 반 시간 걸어 내리니 햇볕이 등에 닿았으며 다시 반 시간 걷자 레스 산장(Refuge de la Leisse, 2487m)이었다. 산장 아래에서 대여섯 명이 트레킹 길을 정비하고 있었다. 그들중 유일한 여성 한 명도 힘차게 곡괭이질을 하며 반갑게 인사말을 건넸다. 하산은 완만한 계곡을 따라 한 시간 더 이어졌으며 다리(Pont de Croe-Vie, 2099m)에서 다시 오르막이 시작되었다. 반 시간 오르자 1차 세계대전 때 이 지역에서 전사한 군인들을 위한 위령비가 있었으며 좀

 더 오르자 허물어진 콘크리트 방호물이 한 시간 전까지 내려온 레스 계곡을 내려다보고 있었다. 모퉁이 하나를 돌자 깨끗한 개울이 흘러 점심을 먹고 얼마 걷지 않아 돌탑 군이 나타났다. 이후 바누와즈 고개에 이르는 길가 곳곳에 큰 호수들이 있었다. 호숫가에 사람들이 차츰 많아지고 고개에 접한 바누와즈 고개 산장(Refuge du Col de la Vanoise, 2517m)에 이르니 더 많은 사람들이 있었다. 곧 내려갈 프라로냥 마을(Pralognan, 1418m)에서 가장 경치가 좋은 이곳까지 접근이 편하기 때문이었다. 이후 길은 계속해서 내리막이었다. 3시간 걸려 프라로냥에 도착, 이날 밤은 여기서 캠핑을 했다.

 다음날 아침, 샤비에르 고개(Col de Chavière, 2796m)로 오르는 길은 여느 때보다 상쾌했다. 개울 옆길을 따라 올라 한 시간 만에 산장이 있는 러뽀쥐 마을(Repoju)에 도착했으며 계속해서 개울을 따라 오르니 마지막 주차장이 나타났다. 이후 알파인 목장지대를 거쳐 산판 도로는 페크레-폴세 산장(Refuge de Péclet-Polset, 2474m)까지 이어졌다. 산장

에서 남쪽으로 이어진 돌길은 오를수록 더 돌이 많았다. 모퉁이 하나를 돌자 돌탑 군이 나타났는데, 이 많은 탑을 누가 다 쌓았을까 싶을 정도로 많았다. 돌탑 지대 맨 위로 가니 나이 드신 부부가 돌을 쌓고 있었다. 이 많은 탑을 당신들이 쌓았느냐 물으니 그저 웃기만 하더니, 피레네 산맥 아래에 사는 자신들도 이렇게 많은 돌탑은 처음 본다면서 나도 하나 쌓으라며 권했다. 도시락 크기의 돌 대여섯 개를 얹고 맨 위에는 기와지붕을 닮은 돌을 얹었다. 그들과 헤어져 샤비에르 고개에 서니 많은 이들이 쉬고 있었다. 고개에서 뒤돌아보니 몽블랑 산군이 제대로 펼쳐져 보였고, 고개 반대편 남쪽에는 에크랑 산군이 펼쳐져 있었다. 두 산군 다 필자에게는 의미 있는 터라 저녁 6시도 되지 않은 이른 시간이었지만 여기서 하룻밤 묵기로 했다. 물이 없어 고개 아래 눈밭까지 내려가 비닐에 담아온 눈을 녹여 식수로 사용했으며 두 산군을 지켜보며 2800미터 고지에서 멋진 하룻밤을 보냈다. 다음날 고갯마루에서 4시간 만에 어렵지 않게 모단으로 내려와 샤모니에서 모단까지 7일간의 트레킹을 마쳤다.

샤비에르 고개에서 본 에크랑 산군.

트레킹 후기

발레 에트르와트 고개

모단-니스 구간

 필자가 다시 배낭을 메고 모단(Modane, 1066m)에서 니스로 향한 건 GR5를 시작한 이후 정확히 1년이 지난 8월 말이었다. 지난 1년 사이 삶에도 변화가 일었다. 전년도에 GR5를 시작할 땐 알프스의 만년설산들을 오르는 틈틈이 시간을 할애해 모단까지 걸었는데, 올해부터 여름 시즌 일이 트레킹에 집중되었다. 알프스의 침봉들을 오르내리는 수직으로의 삶이 알프스의 산록을 발로 꾹꾹 다지며 걷는 수평으로의 생활로 바뀌었다. 학창시절부터 근 30년 가까이 골수 알피니스트라는 소리까지 들으며 살아왔지만 트레커의 생활도 나름은 지낼만하게 여겨지기 시작했다. 우선은 보다 많은 사람들에게 내가 몸소 보고 듣고 느꼈던 알프스를 좀 더 수월하고 부담없이 소개해줄 수 있어 보람을 느꼈고, 책 만드는 일에 조금이나마 경제적인 도움까지 되었으니 사람은 역시 발을 땅에 붙이고 살아야 되는 이유를 지천명이 되어서야 깨달았다고나 할까. 생의 전환이라고 할 만한 일이 내 삶에 일어나긴 했지만 여전히 알프스와 함께하는 생활이라 만족스럽다.

 열차를 타고 모단에 도착한 건 정오가 조금 지나서였다. 모단과 인접한 종점 푸흐노(Fourneaux, 1050m) 기차역 앞에서 마을 아래 도로를 따라 조금 내려가 하천을 끼고 좌측으로 꺾으니 기차선로 아래로 지하통로가 있었다. 이정표를 따라 마을을 벗어나니 가파른 오르막이 고가도로 아래로 이어졌다. 전나무 숲 사이로 지그재그 길이 끝없이 이어지고 한 시간 후, 계곡 건너편의 발프허지(Valfrejus, 1550m) 마을과 높이가 비슷해지자 길은 완만해졌다. 이어 계곡을 건너는 두 다리를 지나 조금 오르니 농가 몇 채가 나타났고 좀 더 오르니 협곡에 방치된 요새가 있는 라 로자(La Losa, 2099m)에 이르렀다. 배낭에 이것저것 한 짐 가득진 채 오르막을 몇 시간 째 오른지라 주차장 옆 나무의자에 앉아 쉬는데, 큰 배낭을 진 젊은 트레커가 아래로 내려오자마자 급히 신발을 벗더니 배낭을 진채 개울에 뛰어들었다. 발바닥에 얼마나 불이 났으면 저랬을까 싶어 피식 웃음이 났지만 앞으로 니스까지 2주 이상 걸을 생각을 하니 남의 일만은 아니었다.

 배낭을 고쳐 메고 계속해서 오르는데, 하루의 산행을 마치고 하산하는 트레커들이 하나둘 내려갔다. 나무 하나 없는 알파인 지대에 곧 이르고

해가 서산을 넘어갈 때쯤 따보르 산장(2500m)이 건너다보이는 발레 에트르와트 고개(2434m)에 올라섰다. 산장까지 20분 거리지만 고개 남측 풀밭에 텐트를 치고 지친 몸을 뉘였다. 늘 그랬지만 첫날이 가장 힘들었다. 욕심 때문이리라. 도중에 휴게소나 식당, 산장 그리고 마을에서 얼마든지 식사를 해결할 수 있지만 혹 없으면 어쩌나, 이것은 구할 수 없는 한국식품이니 꼭 가져야 한다는 등의 이유로 어떻게든 배낭에 넣어 왔으니. 체력 하나는 자신 있다는 객기까지 한몫해서 지금처럼 후회할 짓을 늘 하게 된다.

이른 아침, 맑게 갠 하늘 아래서 발레 에트르와트 고개를 하산했다. 알파인 풀밭 지대를 우회하다가 몽 따보르(3178m) 쪽에서 흘러내리는 개울에 이르러 커피 한잔을 끓여 마셨다. 목기침이 심하지만 이른 아침의 선선한 공기가 좋았다. 이 맛에 알프스의 산록을 오르내리지 않았던가. 개울을 지나 얼마 걷지 않아 뒤를 보니 십여 명의 트레커들이 줄지어 내려오고 있었다. 따보르 산장에서 자고 내려오는 프랑스 트레커들이었다. 가벼운 배낭을 진 그들에게 길을 비켜주며 인사를 건넸다. 얼마 가지 않아 그들은 아침햇살이 닿는 따뜻한 언덕바지에 모여 쉬고 있었다. 그들을 지나 가파른 사면을 내려서니 전나무 숲이 이어지고 아래에서 오르는 트레커 둘이 있었다.

나무다리를 지나 완만하게 이어진 하산길은 곧 그랑즈 더 라 발레 에트르와트(1765m)에 이르렀다. 산장이 두 개 있는 작은 마을은 한때 이탈리아 땅이었기에 이태리어를 사용하는 사람들이 많았다. 마을 앞 우물가에서 쉬고 있는데, 큰 배낭을 진 젊은이가 다가와 간식을 먹으며 쉬었다. 보름 전부터 GR5를 걷고 있다는 그는 이후 3일간 몇 번이나 만났다가 헤어지는 사이가 되었다.

마을에서 우측 산비탈로 오르면서 기침을 심하게 해대니 좀 전의 젊은 트레커가 지나가면서 걱정해주었다. 그를 먼저 보내고 커피라도 한 잔 끓여 마시니 훨씬 나았다. 2주 전부터 시작한 기침이 좀체 낫지 않아 걱정이었지만 그렇다고 마냥 쉬고 싶지만은 않아 시작한 여정이었다. 2주 전, 손님들과 2200미터 높이의 고갯마루를 넘는데, 눈보라가 몰아쳤다. 한여름에 마주친 눈보라라 제법 매서웠지만 십여 명의 손님들이 고개를 다 넘을 때까지 고갯마루에서 기다리다 보니 그만 감기에 걸리고 말았다.

다시 배낭을 지고 오르는데 튀흐 고개(2194m)에서 내려오는 남녀가 있었다. 앞선 남성이 절룩거려 다가가 보니 선천적으로 팔다리에 마비가 있는 젊은이였다. 그는 목에 큰 카메라를 메고 있었다. 몸이 불편한 이도 알프스의 아름다움을 담기 위해 이런저런 불편 정도는 기꺼이 감수하는

마당에 기침 정도야. 뛰흐 고개에는 여러 트레커들이 호수 주변에서 쉬고 있었다. 곧 드넓은 풀밭을 지나 오두막 아래 우물가에 닿았다. 물 한 모금을 들이켜고 배낭을 다시 지려니 엄두가 나지 않았다. 어떻게든 짐을 줄여야겠다는 생각에 수첩을 버리기로 했다. 운행기록을 매일 남기려 했던 생각은 희망사항일 뿐 어깨를 짓누르는 배낭 무게가 그걸 허락하지는 않았다. 여기까지 지고 온 수첩과 볼펜을 그냥 버리기 아까워 필요한 사람을 위해 오두막 문틈에 끼워두고 하산했다.

풀밭 아래서부터 소나무 숲이 시작되었다. 한동안 지그재그 길이 이어지고 나무들의 키가 차츰 커지는 숲 모퉁이에 이르니 몇 시간 전에 만났던 젊은 트레커가 쉬고 있었다. 서로 웃으며 그를 지나쳐 계속해서 하산하니 산림청 관할 오두막 앞 나무벤치에 일가족이 점심을 먹고 있었다. 계속해서 오솔길을 걸어 숲을 벗어나 계곡 바닥에 이르니 민가들이 하나 둘 나타났다. 곧 샤뻴 데자메스 성당 삼거리(1623m)였다. 우측 위로 방향을 잡아 네바쉬(1600m)로 향했다. 아직 시간이 많아 다음 고개로 곧장 오를 생각에 네바쉬 마을에 들어서지는 않고 마을 아래에서 나무다리를 건넌다. 나무다리 쪽에서도 GR5 코스를 알리는 이정표가 있어 그 길을 따라 전나무 숲을 거슬러 올랐다.

두 시간 이상 숲을 거슬러 올라 네바쉬에서 오르는 길과 만나는 삼거리가 나타나고 오르막을 좀 더 오르니 나무들의 키가 작아졌다. 곧이어 알파인 풀밭이 나타나 시야가 트이고 풀밭 언덕을 넘자 제법 큰 크리스똘 호수(2245m)가 나타났다. 늦은 오후라 저녁으로 라면을 먹고 있는데, 얼마 멀지 않은 오두막 쪽에서 온 양치기 개가 어슬렁거리며 다가와 주변을 서성이다가 돌아갔다. 멀리서 양치기가 양들을 오두막으로 몰아가는 소리만 들리는 적막감이 온산에 감돌았다. 잠시 후 양들을 몰 때 내는 소리와는 다른 요들송이 메아리쳤다. 크고 맑게 울리는 요들송이 상당히 듣기 좋았다.

배낭을 다시 지고 뽀르뜨 더 크리스똘 고개(2483m)에 오르는데, 개를 앞세운 양치기 한 명이 내려왔다. 빙벽등반용 등산화를 신은 그는 환하게 웃으며 호수 옆 오두막으로 내려갔다. 길 잃은 양을 찾아 나섰던 그는 오두막에서 울려 퍼진 멋진 요들송이 아내가 자신을 부르는 소리라며 웃었다. 여름시즌에 높은 고지에 올라와 양치기를 하는 부부의 단란한 모습이 꽤 근사하게 보였다. 고갯마루에 마땅한 캠프지가 없어 계속 가다가 좌측 산허리를 따라 이어진 산판도로를 따라갔다. 산판도로를 따라 우측 뒤로 에크랑 산군의 만년설산들이 펼쳐져 있었다. 오래 전에 최고봉 에크랑(4102m)을 등반하기도 했고 그 산군을 한바퀴 도는 일주 코스를 걸었던 인연이 있어 자주 고개가 돌아갔다. 해가 기울기 시작해 길가 적당한 풀밭에 텐트를 쳤다. 2000미터 이상 고지라 어두워지니 바람이 차 곧장 잠자리에 들었다.

이른 새벽에 눈이 떠져 바로 배낭을 꾸렸다. 3일째지만 식량은 줄어든 것 같지 않고 배낭은 여전히 무거웠다. 어둑한 새벽길 저 앞에 희끄무레한 점들이 모여 있어 다가가보니 양들이었는데, 갑자기 엄청 큰 양치기 개가 나타나 짖어댔다. 녀석 혼자 밤새 양들을 지키고 있었던 것이다. 날이 밝아오고 등 뒤에 펼쳐진 에크랑 산군에 붉은 햇살이 꽂히는가 하더니 곧 눈부신 하얀색으로 바뀌었다. 이어 그라농 고개(2404m)였다. 계

그라농 고개

곡 바닥에서 아스팔트 도로가 여기까지 이어져 있었다. 군용막사로 사용된 건물들이 몇 채 있었고 고갯마루에 휴게소가 하나 있었다. 고개에서 작은 언덕을 하나 넘으니 풀밭 사이로 물이 흘렀다. 식수로 충분히 사용할 만큼 깨끗한 물이라 물통에 담았다. 20분 만에 바르또 고개(2382m)에 이르고 오르막을 오르니 이제부터 뻬이홀르(Peyrolle) 능선이었다.

 능선 끄트머리 첫 언덕에 올라 텐트도 말릴 겸 쉬며 커피를 끓여 마셨다. 좁은 능선에 기대어 에크랑 산군 쪽 파노라마와 이제껏 걸은 길을 내려다보았다. 알프스를 눈 아래에 두고 이런 저런 상념에 잠기는 한적한 분위기를 즐겼다. 다시 배낭을 지고 양쪽으로 깎아지른 능선길을 오르내렸다. 길이 생각보다 멀고 험했다. 한 시간 두 시간이 지루하게 흘렀다. 이 능선이 차츰 만만치 않게 여겨질 무렵 반대편에서 넘어오는 두 트레커가 있었다. 새벽에 브리앙송(1290m)에서 출발했다는 부부 트레커였다. 그들도 이렇게 이른 아침에 반대편에서 오는 트레커를 만나리라곤 생각하지 못했다며 반가워했다. 마르세이유에서 왔다는 그들은 내가 온 길을 따라 모단까지 3일 더 트레킹을 할 계획이었다.

 계속해서 능선 꼭대기를 따라 걸었다. 이제껏 알프스에서 이처럼 길고 전망 좋은 능선길은 처음이었다. 3시간 가까이 걸어서야 능선 끄트머리인 크로와 더 뚤루즈(1962m)에 이르렀다. 브리앙송이 한층 가까워져 있었다. 트레커 둘이 더 올라왔다. 브리앙송을 내려다보며 걷는 하산길은 험했다. 조심해서 내려서니 폐허가 된 군용막사가 나타났고 전나무 숲이 이어졌다. 지그재그 숲길을 한참 걸어 내렸다. 정오가 가까워져 태양열은 한층 달아올랐으며 발바닥은 불이 날 지경이었다. 할 수 없이 나무 그늘에 배낭을 내려놓고 쉬길 두 번이나 하고서야 브리앙송에 내려섰다. 산기슭 여기저기에 고성들이 많은 유서 깊은 산악도시인 브리앙송 시내에서 맥주부터 우선 한잔하며 한숨을 돌렸지만 번잡한 도시가 싫어 장을 보고 산으로 곧장 향했다. 며칠간 못 먹은 과일이며 맥주를 배낭에 넣으니 꽤 무거웠지만 감당할 만했다.

 기차역 앞으로 이어진 길은 도시 외곽으로 빠져 인근 마을을 거쳐 산으

로 이어졌다. 늘 그렇지만 산에서보다 산 아래 마을에서 길 잃기 십상이기에 신경이 쓰였지만 이정표들이 잘 되어 있었다. 한동안 산판도로를 따라 오르던 길은 숲길로 이어지고 다시 산판도로가 나타났다. 뒤를 돌아보니 브리앙송 뒤로 새벽부터 넘어온 페이홀르 능선이 길게 펼쳐져 있었다. 산판도로는 계곡을 따라 산속 깊숙하게 이어졌다. 도중에 멋진 바위벽이 있어 가보니 남녀 클라이머 둘이 암벽등반을 즐기고 있었다. 두 달 전까지만 해도 매일 등반하던 터라 몸이 근질거렸지만 지금은 수평이동인 트레킹을 하는, 무거운 배낭에 매인 몸이었다. 알프스를 즐기는 방법이야 여러 가지겠기에 등반 욕심을 추스리고 발길을 돌리는데, 지프차가 멈췄다. 저 위까지 태워줄 테니 탈거냐고 물었다. 사양은 했지만 엄지손가락을 들어 고마움을 표하고 발걸음을 옮겼다.

곧 아이에스 마을(1711m)이었다. 전기가 들어오지 않는 여름철 별장용 오두막들이 십여 채 모여 있었다. 마을 앞 공터에 노인들이 쇠구슬 놀이(빼땅끄)를 하고 있었다. 길은 마을 뒤편 개울로 이어졌다. 해가 이미 기울어 적당한 잠자리를 찾아야 했다. 마을에서 한 시간 더 올라서야 개울가 풀밭에 잠자리를 잡을 수 있었다.

이른 아침 개울가 풀밭에서 얼마 오르지 않아 산판도로가 나오고 조금 오르니 오두막이 몇 채 있는 샬레 더 베르 러 꼴(2163m)이었다. 여기서 아이에스 고개(2477m)는 한 시간도 걸리지 않았다. 시야가 트인 알파인 풀밭을 올라 고갯마루에 섰다. 곧 뒤따라온 트레커 한 명은 배낭에서 망원경을 꺼내 주변을 살피더니 산양을 찾았다며 좋아했다. 고개 너머 하산길은 완만했으며 나이 많은 트레커 셋이 올라왔다. 집이 몇 채 있는 레이샤이용(2142m)에 이르니 산판도로가 시작되었으며 마침 주말이라 동네 사람들이 모여 길을 보수하고 있었다. 이렇게 수시로 모여 공동으로 이용하는 길을 유지보수하고 있는 것 같았다.

좀 더 하산하니 엄청 큰 절벽에 두 팀의 클라이머들이 등반을 하고 있었다. 그 아래로 전나무 숲이 이어졌고 곧 캠핑장이 나타났다. 식수대 앞에서 점심을 해먹고 다시 출발했다. 한국의 여느 시골길 같은 분위기를 느끼며 브리니사르(1746m)에 닿았다. 조용한 마을을 지나 20분 만에 라 샬프(1685m)에 도착, 맥주를 한 잔 마시는데 이틀 전에 만난 젊은 트레커가 도착했다. 모자도 쓰지 않은 그의 얼굴은 붉게 익어 있었고 어깨는 물집이 생겨 피부가 군데군데 벗겨져 있었다. 핸드폰을 열심히 보는 그와 헤어져 아랫마을 아르비유(1580m)로 내려오니 식료품점이 있었다. 기침이 여전했지만 맥주부터 한 잔 더 하고 과일과 치즈를 사 배낭에 넣었다. 아직 라면이나 햇반 등 한국음식이 남아 있어 다른 것들은 구입치 않았다. 이제 그런 것들이 물릴 지경이었지만 무게 때문에라도 빨리 비워야 했다. 마을 아래 교회에서 장례식이 있어 많은 조문객들이 도로를 가로지르자 지나는 오토바이와 차량들이 줄지어 기다렸다. 조문객들의 느리고 조용한 발걸음과 운전대를 놓고 하품하며 하늘을 쳐다보는 운전자들의 여유 등

이 자연스러웠다.
 라 샬프에서 곧장 오는 길과 만나는 메종 마을(1693m)까지 도로를 따라 올랐다. 반 시간도 걸리지 않아 인기척이라곤 없는 마을 중앙에 난 골목을 걷는데, 강아지 한 마리만 길손을 반겼다. 마을을 벗어나 오솔길을 한 시간 오르니 전나무 숲 옆에 루 호수(1854m)가 있었다. 호수와 전나무 숲, 돌로미테에서나 볼 수 있을법한 바위벽들, 이 모든 게 멋지게 어우러진 풍경이었다. 호숫가 숲에는 캠프지도 있고 나무벤치들이 여기저기 있어 그중 하나에 짐을 풀었다. 이처럼 멋진 곳에서 하루를 마칠 수 있다는 게 여간 마음에 들지 않았다. 호수 아래 캠프지에는 서너 개의 텐트가 쳐져 있었고 호수에 몸을 담그는 트레커 둘, 딸을 데려온 부부가 주변에서 주워온 나무에 불을 붙여 바비큐를 준비하는 등 평화로운 분위기가 넘쳐났다.
 루 호숫가에서 편한 밤을 보내고 상쾌한 아침을 맞으며 샤또 케이라스(1350m)로 하산했다. 소나무 숲 사이로 한 시간 이상 걸어 내리니 고성이 언덕 위에 자리 잡은 작은 마을이 있었다. 오랜 가옥 담벼락에 걸려 있는 사진을 보니 100년 전의 집이나 지금 있는 집의 모양이 거의 비슷했다. 다만 문 앞에 서 있는 두 여인들이 없을 뿐. 마을 아래로 이어진 길을 내려가니 동사무소와 성당이 있고 계곡 위에 놓인 돌다리를 건너자 곧바로 오르막이 시작되었다. 반 시간 오르자 여성 트레커 한 명이 쉬고 있었다. 50대 중반의 그녀도 니스까지 걷는다고 했다. 조금 더 오르니 산판도로가 나왔고 먼지 나는 길을 따라 반 시간 오르자 샬레 한 채가 있었는데, 그 옆으로 오솔길이 이어졌다. 이후 길은 줄곧 좁은 계곡을 따라 올랐다. 도중에 맑은 개울가에서 라면을 끓여 먹는데, 한 시간 전에 만난 여성 트레커가 맛있게 먹으라는 말을 하면서 지나갔다.
 프로마즈 고개(2301m)까지는 꽤 먼 길이었다. 고갯마루에 이르니 당나귀에 짐을 싣고 부부가 아이 둘을 데리고 샤또 케이라스 쪽으로 내려갔다. 고개 동쪽 사면에 시멘트로 지은 대피소가 있어 가보니 비상시에 사용하기 좋을 정도로 컸다. 날씨도 좋고 시간도 적당해 고개의 넓은 풀밭에 텐트를 쳤다. 가능한 높은 곳에서 자는 즐거움이 몸에 밴 터라 아래로 내려가긴 싫었다. 뭉게구름 사이로 일몰의 햇살이 주변 산봉우리들에 닿아 풍경이 더욱 선명하고 고왔다. 미풍이 텐트 깃을 건드리는 것 외에는 아무런 기척이 없는 고요한 밤을 맞이했다. 한밤중에 밖으로 나와 보니 희끄무레한 침봉들 위로 은하수가 펼쳐져 있었고 별똥별이 하나 떨어졌다. 놓치기 아까운 알프스의 풍경 중 하나였다.
 해가 뜨기 전에 텐트를 걷고 하산길에 올랐다. 완만하게 굽이도는 오솔길을 따라 아래로 내려가는 상쾌한 아침이었다. 한 시간 내려가니 샬레들이 몇 채 흩어져 있었고 좀 더 내려가 세이약(1639m)에 이르렀다. 깨끗한 마을 중심가에 빵집과 마트, 동사무소와 교회가 있는, 며칠 묵어가고픈 쾌적한 산골이었다. 마을에서 개울을 건너 남쪽으로 길을 따라가다 보니 바로 캠핑장이 있고 계속해서 도로 옆을 따라 걸으니 또 다른 캠핑장이 있었다. 다리를 건너 개울가에 쉬는데, 나이 드신 아주머니가 생뜨 안느 호수(2415m)로 가는 길이 맞는지 물었다. 지도를 보이고 나도 거기에 간다고 하니 그녀는 고맙다며 어머니뻘로 보이는 할머니 두 분과 함께 먼저 오르막을 올랐다.

지라르당 정상 능선

 배낭을 메고 그녀들 뒤를 바로 따라갔는데, 얼마가지 않아 그들은 내가 그 호수에 가봤는지 물으며 이 길이 확실한지 재차 확인했다. 지도까지 보이니 더는 의심치 않고 그들은 뒤를 따라왔다. 하지만 나중에 확인한 결과 그 호수로 오르는 지름길이 있었다는 것. 이후 그들이 얼마나 더 따라오다 돌아갔는지 모르겠지만 어설픈 지식은 남에게 해를 끼칠 수 있음을 절감했다고나 할까. 한 시간 반 이상 오르막을 오르고 개울을 건너 전나무 숲을 빠져 나오니 미르와르 호수(2214m)였다. 멋진 호수 좌측 옆으로 돌아가니 목장지대가 나오고 스키슬로프로 이용되는 사면을 따라 곧장 올라 완전히 알파인 지대에 이르렀다. 너덜바위지대를 지나 한 시간 반 만에 생뜨 안느 호수(2415m)에 닿았다. 꽤 큰 호숫가에 작은 예배당과 십자가가 세워져 있었다. 젊은이들이 호숫가에서 쉬다가 하산했으며 호숫가에서 차 한잔을 끓여 마시고 물을 떠 지라르당 고개(2706m)로 올랐다. 한 시간만에 고갯마루에 서니 바람이 찼다. 고갯마루에 적당한 캠프지가 있을거라 기대했었는데, 마땅치 않았다. 마침 지라르당 정상(2870m)이 눈에 들어와 능선을 가로지르고 오르막을 올라 정상에 서니 대피소가 있었다. 바닥은 모래흙이었지만 비바람을 피하기에 이보다 좋은 곳은 없어 배낭을 내려놓았다.
 늦은 오후의 2800미터 고지에선 공기부터 선선하고 풍광들이 시시각각 변했다. 밖으로 나와 동쪽 능선 끄트머리까지 가니 작은 바위언덕 정상에 십자가가 하나 있었다. 거기까지 올라가 세이약 쪽 계곡과 다음날 걸을 말자쎄 쪽 계곡을 내려다보았다. 주변 풍광을 둘러보면서 대피소로 돌아와 저녁을 먹고 다시 밖으로 나오니 옆 산군에서 펼쳐지는 번개쇼가 한창이었다. 반 시간을 지켜봐도 끝나지 않은 번개쇼를 뒤로하고 안으로 들어와 잠자리에 들었다.

다음날 아침, 밖으로 나오니 온통 구름에 휩싸였으며 바람까지 심하게 불었다. 비라도 내리면 하산길이 위험할 것 같아 급히 짐을 꾸려 언덕을 내려왔다. 반 시간 내려오니 삼거리가 나타났다. 왼편 말자쎄로 하산해 보니 숙박업소가 둘 있는 자그마한 마을에 개 한 마리만 반갑게 짖었다.
 곧 비가 내릴 듯해 말자쎄를 떠났다. 도로를 따라 반 시간 걸으니 작은 마을 라 바르지(1875m)가 있고 계속해서 도로를 따라 걸었다. 비가 내리기 시작했다. 전화기를 꺼내 보니 불통지역이었다. 도중에 다리를 두 개 지나고 교회를 지나 협곡 위에 놓인 돌다리를 건넜다. 얼마 오르지 않아 도로에서 오솔길에 접어들어 반 시간 이상 올라 숲을 벗어났다. 산허리를 돌아가니 푸이우즈 마을(1907m)이었다. 입구에 있는 산장 겸 식당에 들어서니 몇몇 트레커가 점심을 먹고 있었다. 점심을 시켜 먹고 계속 갈 건지 여기서 하룻밤 묵을 건지 고민하다 아직 시간이 일러 배낭을 졌다. 기침 때문에라도 하루를 쉬고 싶었지만 몇 시간이라도 더 걷는 게 좋을 듯했다. 마을 중앙에 이정표가 있어 보니 GR6 코스와 겹쳤다. 나중에 알아보니 GR6는 GR5보다 길었는데, 보르도 지역에서 시작해 알프스를 경유하는 코스로 언제 또 저것을 걸을지 모르겠다는 생각을 하며 오르막을 올랐다. 계곡을 따라 계속 오르다가 폐허가 된 군용참호를 지나니 작은 목장 하나가 있었다. 곧 트레커 셋이 내려왔으며 빗줄기가 굵어졌다. 개울을 지나 두 시간 이상 올라 발로네 고개(2524m)에 섰다. 마침 트레커 둘이 앞서 걷고 있어 뒤따랐다. 발로네 호수 가까이 왔지만 물이 없었다. 8월 말에 한동안 비가 내리지 않아 호수가 바짝 말라 있었다. 웬만하면 이 주변에서 하룻밤 잘까 싶었지만 물이 없었다. 수통에 조금 남은 물로는 하룻밤 잘 수 없어 계속 걷기로 했다. 반 시간 더 산허리를 끼고 도니 말러모르 고개(2558m) 아래의 군용 요새(바하끄망 더 비해쓰)가 나타났다. 마치 영화에서나 볼 수 있을 법한 로마시대의 성곽이 폐허로 변해 있었다. 천장이 있는 막사 하나는 충분히 비바람을 피할 수 있을 정도였다. 하지만 이곳에서도 물은 없어 할 수 없이 말러모르 고개를 넘었다.
 말러모르 고개 너머 하산길은 라흐쉬(1670m) 쪽으로 훤히 내려다보며 수월하게 나 있었다. 한 시간 내려가다 좌측 계곡 쪽으로 횡단하니 적당한 자리가 있어 텐트를 치고 하룻밤 지새웠다. 다음날 아침, 라흐쉬로 하산해 한산한 마을을 둘러봤다. 1차 세계대전 전승비 외에는 2차 세계대전에서 모두 폐허가 되었다는 아픈 역사를 간직한 마을은 평화롭기 그지없었다. 동사무소 뜰에 있는 전승비를 얼핏 보고 곧장 계곡 위로 향했다. 여행자숙소가 있고 조금 더 오르니 캠핑장이 있었다. 캠핑장에 딸린 작은 가게에서 먹거리를 구입해 다시 걸었다. 한 시간 반 걸으니 산판도로가 끝나고 메흐깡투호 국립공원이 시작되었다. 트레커들이 몇몇 내려왔으며 길 좌우로 마모트들이 행진하듯 여기저기서 서성이고 있었다. 이렇게 많은 마모트를 한꺼번에 본 건 처음이었다. 계곡을 끼고 한 시간 오르다가 가파른 언덕을 오르니 로자니 호수(2284m)였다.
 호숫가에 몇몇 트레커가 쉬고 있었다. 평화로운 호숫가 우측으로 난 길을 따라 계속해서 오르막이 이어졌다. 이제 까발르 고개(2671m)로 오르는데, 우측 아래로 작은 호수가 하나 더 있었다. 한 시간 더 돌사태 사면을 비스듬히 가로질러 까발르 고개에 오르는데, 라흐쉬에서 출발했다는 두 명의 부부가 뒤따라왔다. 운동 삼아 뛰어올랐다는 그들은 고갯마루에 쌓인 케언에 돌을 하나 더 올려놓았다. 부인은 자신의 동생이 서울에 산다며 한국에 대한 관심을 보였다. 알프스 산골의 순박함이 그대로

묻어 있는 그들과 작별인사를 하고 고개에서 내려왔다. 처음 얼마간은 가파른 절벽에 길이 나 있고 곧 완만해졌다. 마침 작은 호수 두 개가 있어 아래쪽 호숫가에 텐트를 치고 저녁을 먹는데 비가 내렸다. 호숫가의 적막을 벗삼아 밤을 맞았다.
 화창하게 갠 아침, 배낭을 꾸려 풀밭 언덕을 내려갔다. 반 시간 내려가 물이라곤 없는 하천을 건너니 오두막이 하나 있었다. 문이 열려 있어 들어가 보니 난로가 하나 있는 등 비바람을 피하기 위해 대피소로도 이용된 것 같았다. 이어 오르막이 시작되어 반 시간 더 오르니 푸르쉬 고개(2262m)였다. 전망 좋은 언덕에는 2차 세계대전 때 사용된 콘크리트 벙커가 세월의 무게를 견디고 있었다. 고개 너머 도로가에 군인들이 사용한 막사가 줄지어 있는 것으로 보아 이 지역이 얼마나 군사적으로 중요한 위치인지 짐작할 만했다. 폐허가 된 막사들 사이로 하산길이 이어졌다. 내려오면서 보네드 고개(2860m)로 오르는 도로를 건넜다. 알프스에서 자동차로 오를 수 있는 가장 높은 고개로 이어지는 길이었다. 자전거나 오토바이, 자동차로 알프스를 여행하는 이들이 꼭 넘고 싶어 할 고개였다.
 곧 부시에야(Bousieyas, 1883m)에 이르니 식당 겸 숙소가 있는 골목이 나타나고 마을 위쪽으로 개울을 건너니 오르막이 시작되었다. 산허리를 끼고 돌며 전나무 숲을 지나 알파인 지대에 이르니 뒤로 이제껏 넘어온 고개들이 펼쳐져 있었다. 완만하게 이어진 길을 따라 꼴롱비에르 고개(2237m)에 이르니 지중해 권역에 한층 가까워진 느낌이었다. 한낮이 되면 늘 뭉게구름이 피어오르고 넘어야 할 고개와 봉우리들도 낮아졌다. 좌측 산비탈로 이어진 하산길은 도중에 크게 우측으로 횡단해 생 달마스 러 셀바즈(1500m)로 내려갔다. 마을 뒤편 계곡 위에는 돌로미테에서나 볼 수 있을 법한 침봉들이 도열해 있었다. 9월 들어 더 조용해진 마을에서 식당을 찾아도 문이 닫혀 있었다. 식료품점도 닫혀 있어 할 수 없이 야채가게에서 감자 세 개와 작은 호박 하나만 구입했다. 한국음식은 동이 난지 이미 하루 이상이라 이젠 먹거리가 부족했다.
 마을 아래 성당 우측으로 내려가 계곡을 건너 아넬르 고개(1739m)로 올랐다. 완만하게 이어진 비포장길을 따라 한 시간 오르니 고갯마루였다. 프라스틱 관으로 어디선가 끌어온 물이 흐르는 고갯마루 옆에 멋진 캠프지가 있었는데, 세 명의 트레커가 텐트 두 동을 치고 모닥불을 피우고 있었다. 그들 중 하나가 바로 옆 평평한 풀밭에 텐트를 치라며 손짓했다. 텐트를 치고 허기진 배를 채우기 위해 감자와 호박을 삶는데, 그들이 양고기 한 덩어리를 구워줬다. 그 어떤 식당에서 먹

는 요리보다 맛있게 먹고 다음날 아침 곧바로 길을 떠나는데, 그들이 커피까지 한잔하라며 권하기에 모닥불 가에 앉아 마셨다. 고갯마루에 그들의 승용차가 있어 그저 하룻밤 자고 가는 이들로만 알았는데, 그들은 몇 년 전에 니스에서부터 거슬러 GR5를 걸었으며 보다 긴 피레네 산맥도 종주했다고. 즉 그들은 알프스의 웬만한 트레킹 코스는 다 답파한, 앞으로도 더 멀고 긴 길을 걸을 전문 트레커였다. 니스에 산다는 그들은 그 캠프지에서 하루 더 지낼 거라 했다.

따뜻한 대접을 뒤로 하고 아넬르 고개를 내려왔다. 생 에티엔느 더 티네(1144m)까지 한 시간이면 족했다. 이 주변에선 꽤 큰 마을인 이곳에서 잠시 운행을 멈추기로 했다. 아내를 만나야 했다. 하루에 두 번 있는 니스행 버스를 타고 가 다음날 돌아왔다. 늘 그렇지만 나의 든든한 후원자 겸 동반자인 아내와의 알프스 산행은 우리들 인생에 멋진 추억거리가 분명했다. 스키 및 산악자전거 휴양지인 오롱(1602m)을 거쳐 블레농 고개(2011m)로 올랐다. 한국에서 무더운 여름을 보내고 피서차 알프스에 온 아내에게 시원한 알파인 지대에서 밤을 맞이할 수 있도록 2000미터 지대로 올랐던 건데, 오롱에서 스크류형 캠핑 가스를 구입치 못해 나뭇가지로 불을 지펴 저녁을 해결했다. 바람은 좀 불었지만 전망이 트인 블레농 고개에서 하룻밤 잔 우리는 곧바로 호야로 하산했다. 완만하게 산허리를 따라 내리는데, 아침 일찍 오롱에서 출발한 트레커 다섯이 우리를 앞질러갔다. 한 시간 만에 호야에 도착, 마을에서 유일한 식당 겸 숙소인 지뜨에서 커피를 한 잔 마셨다.

지뜨 아래 성당 우측 아래로 이어진 오솔길을 따라 내려 계곡을 건너자 곧바로 오르막이 시작되었다. 전나무 숲을 지나 한 시간 오르자 알파인 지대가 펼쳐졌으며 조금 더 오르자 목장이 나타났다. 양치기 셋이 양들에게 꼬리표를 달고 있었다. 목장 뒤로 오르막을 하나 더 오르자 넓은 풀밭이 나타났으며 오두막이 하나 더 있었다. 여기까지 물을 구할 수 있었으며 한 시간 더 너덜바위지대를 올라 크루제트 고개(2480m)에 섰다. 바람이 심했다. 곧장 몽 무니(2817m) 측면을 끼고 올라서니 전승기념비가 있었으며 몽 무니 쪽으로 능선을 따르다가 물린느 고개(1982m)로 이어지는 하산길이 이어졌다. 한참 내려가는데, 양치기 한 명이 올라왔다. 잃어버린 양을 못 찾았는지 힘없이 지나가는 그의 눈에는 초점이 흐렸다.

황량한 돌밭 사이로 난 길을 따라 언덕을 내려가 물린느 고개 못 미친 언덕에 텐트를 쳤다. 지고 온 물이 부족했지만 전망 좋은 언덕이 좋았다. 알프스의 아침저녁 풍경은 어떤 풍경화보다 멋지기에.

화창하게 갠 다음날 아침, 물린느 고개를 경유해 좌측 골짜기로 반 시간 내려오니 맑은 물이 흐르는 계곡이 나타났다. 차 한 잔을 끓여 마시고 우측 아래의 비그놀 마을을 보며 산허리를 돌아 롱공 산장(1883m)으로 올랐다. 알파인 초원 아래에 위치한 롱공 산장에서

331

잠시 쉬고 계속 갔다. 곧 가파른 하산길이 이어지고 산허리를 돌아가니 목장이 나타났다. 잠시 후 비포장길이 나타나고 한 시간 후 후르 마을(1096m)이었다. 마치 요새처럼 전망 좋은 언덕에 자리 잡은 마을 중앙의 가파른 골목 사이사이로 시원한 물이 흘렀다.

후르에서 지그재그 오솔길을 따라 한 시간 반 하산하니 계곡 바닥에 위치한 생 소베르 쉬르 티네(496m)였다. 시간도 늦어 교통이 편리해 물가가 싼 이곳 여행자 숙소에서 하루 묵었다. 식료품점 아주머니도 친절했고 빵집 아가씨도 자신의 일본인 친구에 대한 이야기로 친근감을 표했으며 9월이라 다른 여행자 없이 우리 둘만 이용한 여행자 숙소 지뜨에서 푹 쉰 우리는 잠시나마 정이든 마을을 뒤로 했다. 마을 아래서 시작한 길은 곧 오솔길로 이어졌고 항쁠라스(1016m)까지 산허리를 깎아 만든 비포장 길이 이어졌다. 이제 산과 계곡은 한국의 여느 산하처럼 평이해 보였다.

1000미터가 넘는 언덕 위 양지바른 사면에 자리 잡은 항쁠라스를 뒤로 하고 산비탈을 가로질러 생 달마스 발더블로르(1290m)로 향했다. 도중에 몇몇 마을들을 거쳤는데, 볼린느(995m)에선 마을 중심을 둘러보기도 하고 길가의 딸기나 자두도 따먹으며 생 달마스로 올랐다. 마을 입구에 위치한 캠핑장에 자리를 잡았는데, 식료품점이 문을 닫아 캠핑장 주인에게 계란과 감자, 치즈를 구입해 저녁을 해결하고 다음날의 긴 여정을 위해 일찍 잠자리에 들었다.

새벽 4시에 일어나 5시에 랜턴을 켜고 생 달마스를 출발했다. 위뗄르까지 약 30km나 걸어야 하는 긴 하루였기에 서둘렀다. 전나무 숲 사이로 오르막이 이어졌으며 2시간 후, 꼴 데 되 께르(1921m)에 이르자 아침해가 떴다. 이제 길은 남쪽으로 산허리와 능선을 따르며 이어졌다. 3시간 더 걸어 목장이 있는 레 그랑쥬 더 라 브라스끄(1680m)에 도착했다. 시원하게 흐르는 우물가에서 점심을 먹는데, 산악자전거를 탄 십여 명과 트레커 셋도 우물가에서 쉬고 각자의 길로 떠났다. 한동안 도로를 따라 반 시간 만에 앙드히옹 고개(1690m)에 이르고 푸르네스 고개(1351m)까지는 내리막이었다. 고갯마루에는 벌목공들이 쉬고 있었다.

푸르네스 고개에서 전나무 숲을 지나면서 길은 평평하거나 작은 오르막이 이어졌다. 한 시간 이상 걸어 돌산 브레끄 뒤뗄르(1604m)로 올라 브레끄 안부(1520m)에 올라섰다. 뒤돌아보니 이제껏 걸어온 능선들이 한눈에 들어오고 곧 내려갈 니스 쪽 봉우리와 계곡들도 보였다. 잠시 가파른 돌길을 걸어 내린 후 완만한 산허리를 크게 돌아 산 능선 끄트머리의 툭 트인 언덕에 자리 잡은 위뗄르(821m)에 도착했다. 12시간 이상 걸린 긴 하루였다. 성당 앞 광장 오른편에 있는 식료품점에 들러 맥주로 시원하게 목을 축이면서 길가 벤치에 앉은 아주머니에게 관광정보센터가 어디냐고 물었더니 왜냐고, 혹 숙소를 찾느냐며 되물었다. 그녀 덕분에 수월하게 싸고 편한 숙소를 구했다. 크고 편한 숙소

를 둘만 이용하기 미안해할 무렵 50대 후반의 남성 트레커 한 명이 들어왔다. 우리 뒤를 바짝 따라온 그는 아내가 잃어버린 햇빛 가리개를 선뜻 내밀었다. 3주 동안 GR5를 혼자 걸어왔다는 그는 다음날 니스까지 이틀 거리를 하루만에 주파하겠다는 포부를 가지고 아침 일찍 길을 떠났다.

상쾌한 아침공기를 마시며 위뗄르의 거리를 빠져나와 돌로 잘 포장해둔 산허리 길을 걸었다. 알프스에서는 GR5뿐 아니라 다른 길도 그렇지만 트레커들을 위해 공들여 놓은 길들이 많다. 잘 다듬어진 산허리 길을 돌아 한 시간 만에 생 앙트앙 성당에 이르렀다. 전망 좋은 언덕에 아담하게 지어진 성당은 문이 열려 있었으며 실내는 소박하게 꾸며져 있었다. 마침 트레커 둘이 도착했는데, 50대의 남성은 전날 만난 사이였고 60대의 남성은 그와 동행하는 친구였다. GR5를 걷는 친구를 따라 그는 자동차로 이동하면서 지원하고 있었다. 즉 일부 구간 동행한 후 위뗄르로 되돌아가 자동자로 저녁에 만날 곳으로 이동한다고 했다.

산길을 돌아내려 한 시간 더 남쪽 계곡으로 내려가니 끄로 위뗄르(330m)였다. 온통 올리브 농사를 짓는 마을 중앙의 성당 첨탑은 이슬람 사원과 닮았다. 중세까지 지중해 너머에서 온 사라센인들의 영향이 여기까지 미치지 않았을까. 마을엔 올리브 농사가 한창이었는데, 올리브는 아직 덜 여물었고 길가에 여기저기 열려 있던 무화과는 달았다. 마을 아래로 내려가 이제껏 가장 낮은 지점의 끄로 다리(180m)를 건너자 곧장 오르막이 시작되었다. 한 시간 이상 올라 러방스(550m)에 이르렀다. 언덕 위에 성곽처럼 형성된 마을은 아기자기했다. 마을이 마음에 들어 광장에서 여유를 부리며 숙소를 찾았더니 9월이라 대부분 문을 닫았고 20분 더 걸어 유일하게 문을 연 한 호텔에 여장을 풀었다. 다음날 한동안 마을길을 따르다가 생뜨 끌레르(520m)에서 우측으로 큰 길을 잡아 반 시간 후 호까 빠흐띠다(564m)에서 산길에 접어들어 몽 시마(878m) 산 허리를 돌아가니 마침내 아프레몽(500m)이었다.

이제 니스는 지척이라 언덕 위의 아담한 마을 아프레몽에서 하룻밤 묵으려 했지만 큰길가에 이상한 분위기의 호텔뿐이라 다시 길을 떠났다. 반 시간도 오르지 않아 몽 쇼브(870m) 허리길 언덕에 오르니 니스 해변이 한눈에 들어왔다. 마침 전망 좋은 언덕이 나타나 자리를 깔고 일몰의 풍경을 즐겼다. GR5의 마지막 밤으로서 안성맞춤이었다. 9월 초 한낮의 열기가 가신 언덕에는 미풍이 불었으며 니스 쪽 해변가 밤풍경이 멋졌다. 다음날 이른 아침, 지중해를 보며 언덕을 내려가 올리브 나무들로 채워진 공원 숲을 빠져 나오자 니스였다. 외곽 주택가를 거쳐 시내로 걸어 내렸는데, 대로가 곧장 바다로 이어져 있었다. 이제껏 GR5를 걸어온 지친 트레커가 찾기 쉽도록.

5-각종 연락처

1구간
St Gingolph(www.st-gingolph.ch) : 각종 편의시설 갖춰져 있음.
Novel(950m) : Hotel du Clozet(tel. 04 50 76 72 80)
            Gîte Les Franco Suisse(tel. 04 50 76 73 74)
Refuge de Bise(1502m) : tel. 04 50 73 11 73 / 04 50 78 18 28

2구간
La Chapelle d'Abondance(1021m) :
관광정보센터 : www.lachapelle74.com(tel. 04 50 73 51 41)
Gîte de Sejour <la Clematite> : tel. 04 50 71 85 95 / 06 08 32 21 96
Gîte Au Gai Soleil : tel. 04 50 73 50 35
캠핑장(Chatel에 있음), 수퍼마켓(la Pantiaz에 있음)
주변마을 버스 정보 : www.mobilalp.fr/hautchablais/fr
Refuge de Trebentaz : tel. 04 50 73 26 17

3구간
Refuge de Bassachaux(1778m) : tel. 04 50 73 31 97
Refuge de Chésery(1972m) : tel. 0041) 24 479 35 11 / 24 477 26 16

4구간
Gîte de Chaux Palin(1843m) : tel. 0041) 24 479 35 11 / 24 477 26 16
Gîte de Lapisa(1790m) : tel. 0041) 24 479 36 43
Gîte de la Pierre(1680m) : tel. 0041) 24 479 31 32
Refuge de la Golèse(1662m) : tel. 04 50 34 91 28 / 06 09 38 10 11
사모앙스(Samoëns, 703m) : www.samoens.com(tel.04 50 34 40 28)
Gîte Les Moulins : tel. 04 50 34 95 69
Gîte Les Couadzous : tel. 04 50 34 41 62

5구간
Salvagny(850m) : Gîte-auberge de Salvagny(tel. 04 50 34 47 64)
Le Chalet du Lignon(1180m) : tel. 04 50 34 99 90
Chalets d'Anterne(Refuge Alfred Wills, 1808m) : tel. 04 50 34 91 63 / 04 70 63 12 45
Refuge de Moëde Anterne(1996m) : tel. 04 50 93 60 43

6구간
Refuge de Bellachat(2136m) : tel. 04 50 53 43 23
Chamonix(www.chamonix.com) : 각종 편의시설 갖춰져 있음.

7구간
우쉬(Les Houches, www.leshouches.com) : 각종 편의시설 있음.
Chalet-Refuge Michel Fagot(1007m) : tel. 04 50 54 42 28(info@gite-fagot.com) / 크레 여관(Auberge Le Crêt, 1100m) : tel. 04 50 55 52 27(aubergelecret@wanadoo.fr) / Gîte du Vieux Manoir : tel. 04 50 54 46 33
미아즈 산장(Refuge de Miage, 1559m) : tel. 04 50 93 22 91

8구간
트리끄 산장(Refuge de Truc, 1720m) : tel. 04 50 93 12 48
Les Contamines(1167m) : 각종 편의시설 있음.
낭 보랑 산장(Refuge de Nant-Borrant, 1459m) : tel. 04 50 47 03 57(refugenantborrant@free.fr)
발므 산장(Refuge de la Balme, 1706m) : tel. 04 50 47 03 54 / 17 05
Refuge de la Croix du Bonhomme(2440m) : tel. 04 79 07 05 28(refuge-bonhomme@free.fr)

9구간
쁠랑 더 라 레 산장(Refuge du Plan de la Lai, 1818m) : tel. 04 79 89 07 78 / 04 79 38 72 25
Refuge de Presset(2514m) : tel. 06 87 54 09 18 (refugedepresset@ffcam.fr)
Refuge de la Balme(2009m) : tel. 04 79 09 70 62 (www.refuge-balme-tarentaise.fr)

10구간
몽또홀랑 마을(Montorlin, 1090m) / Montchavin(1200m) : 각종 편의시설 있음.
www.montchavin-lescoches.com
Refuge-Porte de Rosuel(1556m) : tel. 04 79 07 94 03
앙트르 러 락 산장(Refuge Entre-le Lac, 2145m) : tel. 04 79 04 20 44

11구간
빨레 고개 산장(Refuge du col du Palet, 2550m) : tel. 04 79 07 91 47
티뉴(Tignes-le-Lac)에 캠핑장도 있으며 발 클라레(Val Claret, 2107m)에 각종 숙박시설이 있다.
레스 산장(Refuge de la Leisse, 2487m) : tel. 04 79 05 45 33 / 04 79 55 09 66

12구간
Refuge du Col de la Vanoise(2517m) : tel. 04 79 08 25 23
Refuge du Repoju(1711m) : tel. 04 79 08 73 79
프라로냥 마을(Pralognan, 1418m) : www.pralognan.com
제법 큰 산악마을로서 각종 편의시설들이 잘 갖춰져 있다. 마을 중앙에 수퍼마켓 두 개가 있으며 마을 외곽 하천 상단에 캠핑장이 있다.

13구간
Refuge de Péclet-Polset(2474m) : tel. 04 79 08 72 13
Modane(1066m) : www.terramodana.com
제법 큰 산간도시로서 각종 편의시설들이 잘 갖춰져 있다. 파리, 제네바 등 대도시까지 열차편이 있는 기차역이 있으며 도시 외곽에 큰 수퍼마켓이 있다. 터널만 지나면 이탈리아 땅이다.

14구간
Modane(1066m) : www.terramodana.com
제법 큰 산악도시로서 각종 편의시설들이 잘 갖춰져 있으며 기차역 앞에서 서쪽으로 난 도로를 따라 조금 내려가다 왼편(남쪽)으로 난 계곡을 따라 오르면 따보르 산장으로 이어진다.
Refuge du Thabor(2500m) : tel. 04 79 20 32 13

15구간
Refuge i Tre Alpini(CAI) : tel. (0039) 01 22 90 20 71 / 01 22 90 76 45
Refuge i Re Magi : tel. (0039) 01 22 96 451 / 36 89 17 952
네바쉬(Névache, 1600m)에 캠핑장과 여러 숙박시설 있음.

16구간
Briançon(1180m) : www.briancon.com
유럽에서 이 고도에 있는 가장 큰 산악마을 중 하나로서 대도시행 열차까지 있으며 각종 편의시설들이 갖춰져 있고 캠핑도 가능하다.
Gîte le Petit Phoque : tel. 04 92 20 07 27

17구간
브리니사르(Brunissard, 1746m) : 캠핑장 있음.
라 샬프(La Chalp, 1685m) : 식당 및 숙박업소 있음.
아흐뷔(Arvieux, 1568m) : 식료품점 및 숙식업소들이 있는 라 샬프보다 큰 마을.

18구간
Chateau-Queyras(1384m, www.chateauvillevieille.com) : 캠핑장과 식당 등은 있지만 숙소는 아랫마을까지 내려가야 함.

세이약(Ceillac, 1639m) :
제법 큰 마을로서 호텔 및 여행자 숙소와 캠핑장 등 각종 편의시설이 갖춰져 있다.
Refuge de la Cime : tel. 04 92 45 19 12

19구간 Refuge CAF de Maljasset : tel. 04 92 84 34 04 헨드폰 불통 지역
Gîte de la Cure a Maljasset : tel. 04 92 84 31 15

20구간 Fouillouse(1907m) : 여행자 숙소와 작은 가게. 헨드폰 불통 지역.
Gîte les Granges : tel. 04 92 84 31 16)
Larche(1670m) : 마을 외곽 위에 여행자 숙소 및 캠핑장 있음.
Gîte le Refuge : tel. 04 92 84 30 80

21구간 Saint Dalmas le Selvage(1500m) : www.saintdalmasleselvage.com
Gîte detape de Saint Dalmas le Selvage : tel. 04 93 02 44 61
Saint-Etienne-de Tinee(1144m) : 각종 편의시설이 잘 갖춰진 큰 마을.

22구간 Auron(1602m) : www.auron.com 스키 및 여름 휴양지, 슈퍼마켓 등.
Roya(1500m) : 작은 마을에 여행자 숙소가 하나뿐이다.
Gîte-auberge lEstive(tel. 04 93 02 02 44)

23구간 Refuge de Longon(1883m) : tel. 04 93 02 83 99

24구간 Saint-Dalmas-Valdeblore(1290m) : 산악 휴양지. 캠핑장 및 여행자 숙소 등.
Gîte communal de Saint-Dalmas-Valdeblore : tel. 04 93 02 82 86

25구간 Utelle(821m) : 각종 편의시설들이 잘 갖춰져 있다.
성당 앞 광장 옆에 마켓이 있고 여행자 숙소가 몇 개 있다.

26구간 Levens(550m) : www.levenstourisme.com
각종 편의시설들이 잘 갖춰져 있다. 비시즌에는 마을 외곽에 호텔이 하나뿐이다.
Aspremont(500m) : 마을 앞 삼거리에 식당과 호텔이 있고 마을로 오르는 계단 뒤편에 마켓이 있다.

27구간 Nice(0m) : www.nicetourism.com
국제적인 휴양 도시로서 각종 편의시설들이 잘 갖춰져 있다.
기차역 부근에 저렴한 숙소들이 많다.

-기타-

www.ffrandonnee.fr(트레킹 정보)
www.grande-traversee-alpes.com(자전거 알프스 횡단)
www.meteo.fr(날씨 정보)
www.refuges.info(산장 정보)
www.logis-de-france.fr(호텔 숙박 정보)
www.gites-refuges.com(여행자 숙소 정보)